जीवन वृक्ष

जीवन वृक्ष

डॉ. ए.पी.जे. अब्दुल कलाम

अनुवाद

प्रो. अरुण कुमार तिवारी
राकेश शर्मा

प्रभात
पेपरबैक्स
www.prabhatbooks.com

प्रकाशक

प्रभात पेपरबैक्स

4/19 आसफ अली रोड, नई दिल्ली-110002

फोन : 23289777 • हेल्पलाइन नं. : 7827007777

इ-मेल : prabhatbooks@gmail.com ❖ वेब ठिकाना : www.prabhatbooks.com

संस्करण

2019

चित्रांकन

संतोष मिश्रा

मूल्य

एक सौ पचास रुपए

अ.मा.पु.स. 978-93-5048-015-1

मुद्रक

नरुला प्रिंटर्स, दिल्ली

JEEVAN VRIKSHA
Poems by Dr. A.P.J. Abdul Kalam

Published by **PRABHAT PAPERBACKS**
4/19 Asaf Ali Road, New Delhi-110002

ISBN 978-93-5048-015-1

₹150.00

महान् लक्ष्य महान् विचारों को जन्म देता है

सच्चे मन और सही इरादे से पूर्ण पवित्र और तीव्र अभिलाषा विस्मयकारी ऊर्जा उत्पन्न करती है। हर रात जब मन सुप्त अवस्था में होता है तब यह ऊर्जा अनंत व्योम में विमुक्त हो जाती है। सुबह जब मस्तिष्क सुप्त अवस्था से बाहर आता है तब वह ब्रह्मांडीय प्रवाह से पुनः सुदृढ़ होता है। हमारी कल्पना निश्चित ही और जरूर पूरी होगी। युवा नागरिकों, आप इस अनंत प्रतिज्ञा पर उसी प्रकार विश्वास कर सकते हैं जैसे शाश्वत सूर्योदय और वसंत ऋतु पर विश्वास करते हैं।

ब्रह्मांड का सिर्फ एक ही कोना ऐसा है, जिसे आप निश्चित रूप से बेहतर बना सकते हैं। वह है आपका अपना वजूद।

—एल्डस हक्सले

प्रेम, आस्था और राष्ट्रभक्ति की कविताएँ

हमारे सम्माननीय राष्ट्रपति, डॉ. ए.पी.जे. अब्दुल कलाम का अंतरिक्ष, अनुसंधान और रक्षा प्रौद्योगिकियों के क्षेत्र में भारत की प्रगति में अमूल्य योगदान रहा है। वह केवल एक योग्य व प्रतिष्ठित वैज्ञानिक ही नहीं बल्कि एक संवेदनशील और विचारशील कवि भी हैं। वैज्ञानिक उत्कृष्टता और काव्यमय प्रतिभा का यह संगम वास्तव में अद्‌भुत है।

इस काव्य-संग्रह की रचनाओं में भारत और इसकी समृद्ध संस्कृति के प्रति डॉ. कलाम का विशेष प्रेम देखने को मिलता है। ईश्वर और अपनी मातृभूमि के प्रति इनके समर्पण और मानवता के प्रति अनुराग की भी इनकी कविताओं में अद्‌भुत अभिव्यक्ति है। अपनी क्षमता और उपलब्धियों को ईश्वर की देन मानते हुए उन्होंने उन्हें भारतवासियों के कल्याण के लिए समर्पित कर दिया है। अपनी कविताओं के माध्यम से उन्होंने निःस्वार्थ सेवा, समर्पण और सच्चे विश्वास का संदेश दिया है।

डॉ. कलाम सदैव सांप्रदायिकता, जातिवाद, भाषावाद, प्रादेशिकतावाद और हिंसा के विरोधी रहे हैं। भारतीय समाज को गहराई से जाननेवाले डॉ. कलाम अनुकंपा, तटस्थ भाव, धैर्य और सहानुभूति से समस्याओं का समाधान ढूँढ़ने की कोशिश करते हैं। 'ईश्वर की खोज' जैसे जटिल विषयों को भी अपनी कविताओं में उन्होंने बहुत ही विश्वासपूर्वक, बहुत ही सरल शब्दों में अपने विचारों में अभिव्यक्त किया है।

ओ सपनों के सौदागर
रहते हो क्यों सदा ईश्वर की खोज में ?
प्रकृति है आवास उसका, पवित्रता उसका निवास,
और यह जीवन आशीष उसका !
करते रहोगे प्रकृति से प्रेम, उसके प्राणियों से प्यार,
देख पाओगे सब ओर ईश्वरत्व तभी।

एक सच्चे भारतीय की तरह डॉ. कलाम भी धर्म का दुरुपयोग होते देख बहुत आहत हैं। फिर भी उन्हें विश्वास है कि ईश्वर में पूर्ण विश्वास और मनुष्य के प्रति दया ही हमें सांप्रदायिकता और जातिवाद के दंश से बचा सकती है। वह कहते हैं—

ये पढ़े-लिखे कहलाने वाले हमें जुदा करते हैं
ये ज्ञान नहीं नफरत और शिकस्त देते हैं
कह दो सबसे न लें इनकी बिन माँगी राय
क्योंकि बनाया सबको ईश्वर ने स्वतंत्र और समान।

वैज्ञानिक उपलब्धियों और कविताओं में डॉ. कलाम भारत सहित विश्व भर के बच्चों के लिए एक बेहतरीन दुनिया का सपना देखते हैं—"मेरा कोई घर नहीं बस खुली जगह है।"

सच्चाई, दया, अभिलाषा और सपनों से भरा है, अभिलाषा है देश बने मेरा विकसित और महान्, खुशहाली और शांति हो चारों ओर यही सपना है।

डॉ. कलाम की इन कविताओं को पढ़कर मेरा मन देश-प्रेम, प्यार और विश्वास से भर गया। इसी विश्वास के साथ मैं ये कविताएँ आपके सम्मुख प्रस्तुत कर रहा हूँ।

—अटल बिहारी वाजपेयी

2 मई, 2003

अनुक्रम

तरुणाई का गीत

मैं और मेरा देश—भारत

अपने राष्ट्र के लिए प्रौद्योगिकी, ज्ञान और प्रेम से सुसज्जित,
एक युवा भारतीय के रूप में,
मैं महसूस करता हूँ कि छोटा लक्ष्य रखना एक अपराध है।

मैं उस महान् लक्ष्य के लिए काम करूँगा और पसीना बहाऊँगा जिससे,
भारत का एक विकसित राष्ट्र के रूप में निर्माण हो,
जो आर्थिक सुदृढ़ता और जीवन-मूल्यों के सिद्धांत से परिपूर्ण हो।

मैं सौ करोड़ नागरिकों में से एक हूँ,
यही सपना सौ करोड़ आत्माओं को प्रदीप्त करेगा।
बस मेरा यही सपना है,

धरती पर, धरती के ऊपर तथा धरती के नीचे किसी भी अन्य स्रोत की अपेक्षा,
प्रदीप्त आत्मा ही सर्वाधिक शक्तिशाली स्रोत है।

विकसित भारत का स्वप्न सच करने के लिए,
मैं ज्ञान का दीपक जलाए रखूँगा।
यदि हम उस महान् लक्ष्य के लिए
प्रदीप्त मन से काम करें और पसीना बहाएँ

तो जीवंत, विकसित भारत के निर्माण के लिए होगा परिवर्तन
मेरी सर्वशक्तिमान प्रभु से प्रार्थना है,
मेरे देशवासियों में दैवी शांति व सौंदर्य समाहित हो
हमारे शरीर, मन, आत्मा में
प्रसन्नता व स्वास्थ्य पुष्पित-पल्लवित हों।

□

क्या मैं अकेला हूँ ?

मैं और मेरे मित्र प्रो. विद्यासागर हवाई जहाज से हैदराबाद से दिल्ली आ रहे थे। हमारा हवाई जहाज घने बादलों में परत-दर-परत ऊपर उठता हुआ ऊँची उड़ान भर रहा था। उस अद्‌भुत दृश्य ने हमारी अंतरात्मा को झकझोर दिया। उसके बाद, एक दिन हम एशियाड विलेज कांप्लैक्स के बागीचे में घूम रहे थे तो वहाँ फूलों से लदे हुए नागफनी के खूबसूरत पौधे ने एक ईश्वरीय अनुभव से हमारी आत्मा को भिगो दिया और मुझे 'जीवन वृक्ष' लिखने के लिए प्रेरित किया।

जीवन वृक्ष

ओ मेरी मानव जाति,
हम कैसे पैदा हुए,
इस असीम ब्रह्मांड में
क्या हम अकेले हैं ?

इस सहस्राब्दी की मानवता के लिए है यह प्रश्न,
मैंने माँगी मदद अपने सर्जनहार से।
खोज रहा था उत्तर मैं सृजन के महान् प्रश्न का
गुजर रहा हूँ उम्र के सत्तरहवें साल से,
भारी तभी पड़ रहा है यह मुझे।
सूर्य की परिक्रमा में मेरा छोटा सा घरोंदा, यह धरती माँ
जहाँ मानवता रह रही है युगों से
और रहेगी युगों तक, चमकेगा ये सूर्य जब तक

उस खास दिन जब में उड़ रहा था आकाश में,
धरती पर मानव का बसेरा,
ओझल हो गया था, बादलों की श्वेत सरिता में।
शांत, उग्र, लेकिन मुक्त,
चहुँ दिशाओं में ईश्वरीय वैभव की झलक,
ऊपर, पूर्णिमा के चाँद का भव्य रूप,
देख द्रवित हुआ मेरा मन,
संग मेरे मित्र सहयात्री विद्यासागर,

लगे दोनों देखने ईश्वरीय रचना का नजारा
जा बसी हमारे अंतर्मन में वह रमणीयता।
खिल उठा हमारा तन-मन खुशियों से
इस अलौकिक उत्तर को किया सलाम हम दोनों ने।
हम नहीं अकले, कोटि-कोटि जीव
भिन्न-भिन्न रूपों में जन्म लेते आकाश गंगा के
इन ग्रहों पर।
फिर हुआ स्पष्ट अलौकिक संदेश।
पूर्णिमा की रात्रि में ईश्वरीय प्रतिध्वनि हुई
थी वह मेरे सर्जक की।

जिससे हमारे वजूद हिल उठे
हम थे भौचके और अचरज से भरे
आवाज ने मुझे और मेरी नस्ल को
अपनी परिधि में ले लिया और कहा
'ओ मानव तुम
मेरी श्रेष्ठतम रचना हो,
तुम शाश्वत हो
अर्पित कर दो सब कुछ
जब तक हो सम्मिलित,
सबके दुःख और सुख में
मुझ सा आनंद मिलेगा तुमको,
प्रेम है अविरल,
यही है इंसानियत का ध्येय,
जीवन वृक्ष समझाएगा तुम्हें,
तुम सीखोगे और जानोगे
तुम्ही मेरी श्रेष्ठतम रचना हो, जान लो यह।'

हसीन सुबह थी वह,
बादलों से झाँक रहा था सूरज का शरारा
कोकिल और शुक छेड़ते
मधुर संगीत की तानें
पुष्पों के वासंती रंग से मंत्रमुग्ध से हम सब,
प्रविष्ट हुए एशियाड के पुष्प उद्यान में

गुलाब एक अदा-ए-शान से
मुसकरा रहे थे
सफेद और लाल रंगों की
किरणें फैला रहे थे
भोर के सूरज की लालिमा को नमन करते,
हम चलते रहे, चलते रहे
हरी-मखमली घास पर
मासूम बच्चे मिलकर
गा रहे थे गीत
मोर अपनी मनोरम छटा बिखेर रहे थे
दूर पीछे उद्यान में।

जीवन वृक्ष का था वह राजसी नजारा,
लंबे और सीधे नागफनी के वृक्षों का समूह
सूरज की सीधी किरणों के सामने
अविचल अविरल और उन पर
खिलते हुए फूलों का तह-दर-तह वैभव।

□

हे ईश्वर हमें ज्ञान का आशीष दो!

धरती से दूर, बहुत दूर एक सभा हुई। फरिश्तों ने अपने प्रभु से कहा, 'समय आ गया है अब एक नए जीव के जन्म का। इस विशेष शिशु को ज्यादा प्यार देना होगा। वह बहुत धीमी गति से विकसित होगा, शायद उसकी उपलब्धियाँ अधिक न हों। धरती पर वह जिन लोगों के साथ रहेगा उन्हें इसका खास ख्याल रखना होगा। शायद वह दौड़, हँस या खेल न पाए, न ही ठीक से सोच समझ पाएगा; बहुत सी बातें आत्मसात न कर पाएगा, उसे लोग विकलांग कहेंगे। देखो ध्यान रखना, हम चाहते हैं कि वह जहाँ भी जन्म ले, उसका जीवन सुखी हो।'

'हे ईश्वर, इसे ऐसे खास माता-पिता ढूँढ़कर देना जो इसका पूरा ध्यान रखें। आरंभ में शायद वे समझ न पाएँ कि उन्हें एक महत्त्वपूर्ण कार्य सौंपा गया है। परंतु जैसे ही उन्हें यह शिशु मिलेगा, उनका विश्वास दृढ़ होगा और प्रेम बढ़ जाएगा। वे जल्दी ही समझ जाएँगे ईश्वर द्वारा भेजे गए इस उपहार की देखभाल के लिए उन्हें चुना गया है। उनको मिलने वाला यह बहुमूल्य उत्तरदायित्व, ईश्वर का भेजा एक कमजोर और मंदबुद्धि विशेष शिशु है।'

हे ईश्वर ज्ञान का दीपक जलाओ!

ईश्वर हम आपकी अपनी संतान हैं,
हे दयावान और महान् हमारे जीवन में ज्ञान का दीप जलाओ,
हम यही पूजा, नमन और प्रार्थना करते हैं।
इस धरती पर सबको प्राप्त हो आपका आशीर्वाद,
ओ विश्वनिर्माता समुद्र की ज्वारीय तरंग, पर्वतों से बहने वाली नदी जैसे
हमारा जीवन भी आशीष से भर दो।
हे, ईश्वर ज्ञान का दीपक जलाओ।

मेरी माँ का स्नेह पल-पल मेरे साथ है,
तपस्वी भक्त पिता को तुम्हारी अनंत ज्योति की तलाश है।
हे ईश्वर जग निर्माता, पोषक, हमें नवजीवन और खुशियाँ देकर
माँ के दुःख भरे आँसुओं को मेरी महत्त्वाकांक्षा के प्रतिबिंब बना दो।
हे ईश्वर मेरे पिता के कष्टों को राहत दो,
हे, ईश्वर ज्ञान का दीपक जलाओ।

हम भी दूसरे बच्चों जैसे पढ़ना और सीखना चाहते हैं,
हम भी दूसरे बच्चों की तरह दौड़-दौड़कर खेलना चाहते हैं,
मिलजुलकर चाहते हैं नाचना, गाना और झूमना,
चाहते हैं आजादी के दिन तिरंगा फहराना।
हे, ईश्वर ज्ञान का दीपक जलाओ।

अपनी इस महान् धरती पर हम पसीना बहाकर,
देश के लिए काम बस काम करके,
आदरणीय पिता और गुरु के प्रति हम,
अपनी कृतज्ञाता व्यक्त करना चाहते हैं।
हे, ईश्वर ज्ञान का दीपक जलाओ।

हे ईश्वर हमारी आत्मा में बस जाओ,
हमें आशीष दो, हम भी औरों सा जीवन जी सकें,
हमारा जीवन भी फूलों की तरह महकाओ।
ओ! जीवन के स्रोत, अविरल सुंदरता का सृजन करो,
हे, ईश्वर ज्ञान का दीपक जलाओ।

ईश्वर सृष्टि और जीवन के निर्माता
सूर्य व प्रकाश के सर्जक आप सर्वशक्तिमान
आपके आशीर्वाद की सूर्य की रश्मियों ने हमारे दिल और दिमाग से
पतझड़ को दूर कर, हमें बसंत सी खुशियाँ दीं,
सर्वशक्तिमान हमें नव जीवन व रोशनी दी।
हे, ईश्वर ज्ञान का दीपक जलाओ।

ज्ञान पाकर हम स्वप्न देखते हैं और आपको धन्यवाद देते हैं
आपकी शान में प्रार्थना, नमन और पूजा करते हैं आपकी अनुकंपा के लिए,
जैसे बादल नदियों को भर देते हैं जल से,
अब आपकी धूप मुस्कराकर हमें आशीष देती है।
हे, ईश्वर ज्ञान का दीपक जलाओ।

□

(केंद्रीय मंदबुद्धि संस्थान, तिरुअनंतपरम के दौरे के बाद डॉ. आ.प.जै. अब्दुल कलाम द्वारा रचित मूल तमिल कविता)

ईश्वर आशीष दो,
मुझे सदा उच्च विचारों वाले
महान् शिक्षकों का सानिध्य मिले।

जब भी मैं सांप्रदायिकता और सामाजिक असमानता की बातें सुनता हूँ तो मुझे रामेश्वरम् के अपने प्राइमरी स्कूल की एक घटना तुरंत याद आ जाती है। मैं पाँचवीं कक्षा में पढ़ता था। हमें पढ़ाने के लिए स्कूल में एक नए शिक्षक आए थे। मैं हमेशा अपने परम मित्र रामनाथन के साथ सबसे आगे की पंक्ति में बैठा करता था। नए शिक्षक एक ब्राह्मण और एक मुसलिम विद्यार्थी का कक्षा में एक साथ बैठना समझ न सके। शिक्षक ने अपनी समझ से सामाजिक व्यवस्था का पालन करते हुए मुझे पीछे के बेंच पर बैठने के लिए कहा। मुझे यह सुनकर बहुत क्रोध आया और मेरा मित्र रामनाथन भी इससे बहुत विचलित हुआ। मैं आगे से उठकर आखिरी बेंच पर जा बैठा। यह देखकर रामनाथन ने रोना शुरू कर दिया। रामनाथन का रोता चेहरा मुझे आज भी याद है। हमारे पिता और परिजनों को जब इस घटना के बारे में पता चला तो अध्यापक को बुलाकर समझाया गया कि उन्होंने बहुत घृणित कार्य किया है। लगभग 50 वर्ष पूर्व, हमारे परिजनों के मजबूत विश्वास ने उस अध्यापक के विचार बदल दिए।

□

समन्वय

सारस और समुद्री पक्षी आकाश में उड़ रहे थे,
हँसती–खिलखिलाती समुद्र की लहरें साहिल को छेड़ रही थीं,
मेरा मन अपने स्कूल के जमाने में पहुँच गया, पाँच दशक पहले
रामेश्वरम् में एक छोटा सा स्कूल था···

हिंदू या मुसलमान, मस्जिद या मंदिर
कोई भी विचारों की निर्बाध श्रृंखला को नहीं तोड़ सके,
रामनाथन और मैं दोनों शब्दों की पुष्पमाला चुनते,
समन्वय के प्रकाश में सृष्टिकर्ता की संतानों जैसे प्रेम से विचरते।

अचानक आया एक तूफान बिन बताए,
पगड़ी बाँधे, ट्वीड पहने, एक नए अध्यापक के रूप में,
हमें आदेश दिया उसने कि हम बैठें एक दूसरे से जुदा,
मेरे आँसू गिरे, रामनाथन फूट–फूटकर रोया।

हमें इस अलगाव का मतलब समझ में नहीं आया,
सूरज की किरणों ने समझा हमारा दुःख,
चुपचाप रत्नों से उन्होंने चमका दिए हमारे अश्रु,
सबके रचयिता, क्या आप वहाँ विद्यमान नहीं ?

कौन यह जिसने हमें जुदा किया,
वर्षों गुजर गए फिर भी हम मित्रों का प्रेम अमिट रहा,

परस्पर बाँटते दुःख और सुख,
और कथित शिक्षित हमारी आत्माओं को अलग करें!

जहर और दुश्मनी के बीच
नहीं देते ज्ञान, बस देते नफरत और हार
कह दो सबसे न ले इनके बिन माँगे सुझाव
क्योंकि हम सभी बने है एक समान।

□

इच्छा-शक्ति

हमारी दृढ़ इच्छाशक्ति सहरा में भी फूल खिला सकती है।

वर्ष 1975 में मैं हैदराबाद में इमारत देखने गया। वहाँ मुझे जैसा अनुभव हुआ, वैसा ही मुझे ऋषिकेश में स्वामी शिवानंदजी के आश्रम में हुआ था। संपूर्ण इमारत गहन स्पंदन से परिपूर्ण थी। उस क्षेत्र के आसपास फैली हुई चट्टानों में मानो अपूर्व ऊर्जा समाविष्ट हो। वह स्थान मुझे जाना-पहचाना सा लगा। मुझे ऐसा लगा मानो यही मेरा घर है। जबकि इससे पहले मैं उस स्थान पर पहले कभी नहीं गया था। मैं बहुत ही भावुक मन से वहाँ से चला। छह वर्ष बाद 1981 में एक यात्रा के दौरान मैंने देखा कि वह क्षेत्र जीवंत गतिविधियों से युक्त था और मनुष्य, प्रकृति तथा विज्ञान के सामंजस्य से मैं अभिभूत हो गया। मैं जब भी इमारत जाता हूँ, वहाँ के फूल, वृक्ष और चट्टान सभी मुझसे बातें करते प्रतीत होते हैं। मानो कोई संदेश देने की कोशिश कर रहे हों।

खुशहाली की खोज

मैं अद्‌भुत मार्ग से गुजर रहा था,
मेरे चारों ओर लहक रहे थे सुंदर फूल,
अद्‌भुत लगा संसार जाना-पहचाना,
वीराने में उग रहा था, प्रकृति का खजाना।

अनुपम सौंदर्य के साथ खिलते हुए फूल,
जीवंत रंग मानो नृत्य कर रहे थे,
कुछ कलियाँ, कुछ पुराने फूल,
और कुछ अपने वजूद से आजाद होने को तैयार।

मनुष्य को फूल खुशियाँ दे सकते हैं,
बच्चे उनसे खेल सकते हैं,
उन्हें मसल सकते हैं,
खाक में मिला सकते हैं,
फिर भी इन फूलों में निहित है एक सत्य।

चेतनता का सौंदर्य, शांति में आबद्ध
खिलते हुए फूलों से परमेश्वर के कारनामे
प्रतिबिंबित हो रहे थे,
उनमें प्रदर्शित प्रफुल्लता, सत्यनिष्ठा,
जिसकी हमें सदा आवश्यकता होती है,
अपनी अभिव्यक्ति के लिए।

चाहे उन्हें भगवान् को अर्पित करो या प्रेमिका को समर्पित करो,
उनका स्पर्श मात्र इंसानों को बना देता है कोमल,
इस चेतन सौंदर्य में निहित अद्भुत शांति,
खुशियों की तलाश में जिसकी हमें हमेशा आवश्यकता पड़ती है।

□

प्रकृति के साथ आत्मसात्

पिछले अनेक वर्षों से हम मध्यम दूरी की जिस अग्नि मिसाइल पर कार्य करते आ रहे थे उसे प्रक्षेपण के लिए चाँदीपुर में प्रक्षेपण स्थल पर स्थापित कर दिया गया था। हमें अगले दिन उसका प्रक्षेपण करना था। मैं प्रक्षेपण स्थल से लाँच ऑथोराइजेशन बोर्ड के लिए कंट्रोल सेंटर जा रहा था। मैं विचारमग्न था क्योंकि हमारे पिछले दो प्रयासों के दौरान प्रक्षेपण प्रतिक्रिया में कुछ गड़बड़ी पैदा हो गई थी। हालाँकि हम काफी संतुष्ट थे कि हम मिसाइल को सुरक्षित रखने में सफल हुए थे। तभी कार की खिड़की से मैंने बाहर देखा और मेरी नजर सड़क के साथ-साथ बने तालाबों में खिली रंग-बिरंगी कुमुदनियों पर पड़ी। सुबह-सवेरे की ठंडी मनमोहक हवा के साथ इधर-उधर डोल रही इन कुमुदनियों का नृत्य देखने के लिए मैं कार से उतर पड़ा। इस अल्पविश्राम ने मुझे शांति प्रदान की और मैं तनाव मुक्त हो गया। एक बार फिर मैं चुनौतियों का सामना करने के लिए तैयार था। अगले दिन अग्नि को छोड़ा गया और शेष तो अब इतिहास है।

प्रकृति

उस दिन आरसीआई* के ऊपर रोशन नीले आसमान के नीचे,
मेरे विचार स्वच्छंद विचरण कर रहे थे,
वहाँ आशा उनका अवलंब और शांति की आभा,
फैली चट्टानों पर बादलों के साए,
शांत वैज्ञानिक करते काम सर झुकाए।

उनमें से कुछ वास्तव में महान् होंगे,
और कुछ अधिक महान् कार्यों के भागीदार।
वहाँ मौजूद जीवन का सामंजस्य,
मैंने पूछा स्वयं से कौन है सब का नियंत्रक,
समीर के मंद–मंद झोकों के बीच विचरता,
मैं सोच रहा था,
कि अगर वह भगवान् है तो कहाँ होगा ?

मैंने देखा कुछ गिलहरियाँ टकटकी लगाए निर्भीक,
एक सुनहरा पक्षी,
चमेली के पौधों के निकट आया,
मानो उस समय के रहस्यों के बारे में कुछ बात करने।
मैं परमेश्वर के पुष्पों पर विचार करने को रुका।
जो संकेत दे रहे थे नए सूक्ष्म अर्थों का।

---

* रिसर्च सेंटर इमारत, हैदराबाद

उनमें कुछ में थीं खुदा की निशानियाँ
कुछ से जाहिर था उसका आंशिक नूर
और कुछ में पूरी तरह से छुपा हुआ था उसका कमाल
चारों ओर फैली प्रकृति क्या यूँ ही वजूद में आ गई व्यर्थ
तभी एक रॉबिन ने प्रश्न किया
मेरी तलाश के बारे में
उमंग भरा मैं बोला
"सचमुच ईश्वर ही!"

फुर्ती से उड़ते हुए उसने कहा
"शायद न मिले तुमको यहाँ।"
मैंने उस ओर देखा, संध्या के विविध रंगी मेघ
डूबता हुआ सूरज और मंदिर की घंटियाँ
दृश्य को अर्थपूर्ण बनाती हुई
कहाँ है भगवान्, एक अनजान आवाज बोली
क्यों नहीं ढूँढ़ते तुम उसे उधर बागीचों में,

वृक्षों के खामोश पत्ते डूबती हुई रोशनी
घोंसलों में लौटने को व्याकुल पंछी,
अपनी मधुरता को दर्शाते फल,
सृजन का रहस्य खोलते फूल
राहों की जगमगाती रोशनी से भी न मिला मुझे जवाब

मेरा मन उड़ रहा था, पंख लगाकर
खोजता वसंत का स्रोत
थका-हारा मैं चला घर की ओर
तभी शीश पर आ गिरा एक फूल मेरे
और लगा कहने—

'ओ सपनों के सृजक
तू क्यों तलाशता है परमपिता को
प्रकृति है उसका आवास, पवित्रता उसका निवास
जीवन है उसका आशीष
प्रकृति से प्यार करो उसके प्राणियों का उद्धार करो
तब तुम देखोगे सर्वत्र दिव्यता का प्रकाश!'

□

अम्मी-अब्बा
मैं आपका शिशु

1990 के गणतंत्र दिवस के दिन मुझे एक सुखद समाचार मिला। भारत के राष्ट्रपति ने मुझे पद्मविभूषण से सम्मानित किया है। इस खुशी के मौके पर मैंने अपना कमरा संगीतमय वातावरण से भर दिया और वह संगीत मुझे किसी अन्य देश और काल में ले गया। मैं पुरानी यादों में खो गया। अपने कल्पना लोक में घूमता हुआ मैं रामेश्वरम् पहुँचा और अपनी माँ के गले जा लगा। मेरे पिता मेरे बाल अपने हाथों से सँवार रहे थे। मस्जिद वाली सड़क पर इकट्ठी हुई भीड़ को जलालुद्दीन ने यह समाचार दिया। पक्षी लक्ष्मण शास्त्री ने मेरे माथे पर तिलक लगाया। फादर सोलोमन ने अपने पवित्र क्रॉस के लॉकिट पर हाथ रखकर मुझे आशीर्वाद दिया। मैंने प्रो. विक्रम साराभाई को मुस्कराते हुए देखा। बीस साल पहले उनके लगाए बिरवे में फल आ गए थे। मेरा हृदय कृतज्ञता से भर गया।

अनुगृहीत

फलता-फूलता जंगल
जहाँ पेड़ों पर लटके फल
जैसे नन्हे शिशु माँ की उँगली थामे,
झाड़ियों में से उभरते जंगली फूल
मानो बालक धूल में खेल रहे हों!

गुनगुनाती मधुमक्खियाँ
मानो अदृश्य हाथ वीणा के तार झंकार रहे हों,
घूमते हुए शेर, हिरन, चीते, जंगली सूअर
जंगल में विचरते,
मानो मजदूर किसान काम पर जा रहे हों,

पंख फड़फड़ाते पंछी दल
मानो बच्चे अपने कल्पित विमान पर उड़ रहे हों।
वसंत की जादूमय छूअन ने तो
उसे स्वर्गिक स्थल बना दिया था।

दिन मानो तैरते सपनों के सागर पर
अकस्मात्,
जैसे मूसलाधार बरखा और तूफानी मेघ-गर्जन से
तेंदुए, सूअर सभी जान-लेवा बीमारी से ग्रस्त हो,
मृत्यु के घाट पहुँचने लगे।

मौत ने किया आघात, जैसे वज्रपात
जहाँ भी उसने किया आघात
फैला भयंकर विनाश
छोटा हो या बड़ा उसके
तांडव से कोई न बचा।
केवल दस जो शेष बचे, उन्होंने प्रार्थना की,
अपने प्रभु को किया याद, पूरी आस्था से।

उनकी श्रद्धामयी पुकार पर दयामूर्ति भगवान्, स्वयं पधारे,
परम पिता परमेश्वर का साक्षात दर्शन कर,
सभी ने भक्तिभाव से चरण छू वंदना की—
प्रभु ने पूछा प्रार्थना का कारण
वे बोले, 'प्रभुवर कष्ट निवारण कर, जीवन करें प्रदान!'
भगवान् ने सभी के रोग मिटा, उन्हें स्वस्थ बनाया।

प्रसन्नता के आवेग में नौ तो तुरंत भागी
कृतज्ञता व्यक्त करने, केवल एक रहा शेष!

□

साभार : श्रीमती शीला गुजराल, पत्नी, श्री आई.के. गुजराल, पूर्व प्रधानमंत्री।

जहाँ नफरत है वहाँ मोहब्बत के बीज बोने दो

जहाँ भी नफरत फैली है,
वहाँ मुझे प्रेम फैलाने दो।

—एसिसी के सेंट फ्रांसिस

मैं शाम के जहाज से हैदराबाद से लौट आया। हैदराबाद में उन दिनों दंगों का बहुत बुरा दौर चल रहा था। हवाई अड्डे से कंचनबाग तक के मार्ग में मुझे केवल सिपाही ही दिखाई दिए। मेरा मन बहुत दुखी हुआ। इतनी नफरत किसलिए? इंसान और शैतान की पहचान केवल मन के आइने में ध्यान से झाँकने से ही होती है। वैसा हृदय कहाँ है? एक दिन जब मौत हमें सिरहाने पर खड़ी दिखाई देगी तो हम तुम्हारे लिए क्या संदेश देंगे? हम उस सर्वशक्तिमान को उसकी कृपा के लिए क्या उत्तर देंगे? हमें व्यर्थ समय नहीं गँवाना। हमारे पास अभी भी समय है कि हम उस सर्वशक्तिमान के कृपापात्र बन जाएँ।

ईश्वर

दिन खामोश ऐसे मानो रात्रि से हो भयभीत,
जीवन जैसे बिन ईंधन बुझती आग,
खुशियाँ और आनंद मानो खो गए कहीं
तांडव था क्या यह मृत्यु या विनाश का

गलियाँ वीरान और सड़कें खाली,
हथियारों की खनक और जूतों की धमक से भयभीत सभी,
भाई–भाई को मार रहा था बेरहमी से
दंगों ने छीन ली थी शांति और आस्था।

सब कहीं दिखा शैतान गाता हुआ,
उसकी रचना के विनाश पर खुशियाँ मनाता हुआ।
दस हजार हिंदू और उतने ही मुसलमान,
इस अश्रुसिक्त त्रासदी में हो गए बलिदान।

उन सबसे कहा गया, 'रहे हो तुम मर
खुदा और भगवान् के नाम पर।'
बिखरी लाशें, मुक्त आत्माएँ ढूँढ़ रही थीं,
चारों ओर अपने रक्षक खुदा को।

बीस हजार आत्माएँ जीवन से वंचित,
खुदा की तलाश में थीं विचलित,

चारों ओर पसरा था गुनाहों का अँधेरा,
फिर भी वह कहीं न था मिला।

आत्माएँ थीं युगों से सफर में,
ताकि पा सकें एक झलक अपने ईश्वर की।
उनमें से कुछ ढूँढ़ रही थीं अल्लाह को,
और कुछ दे रही थीं आवाज़ भगवान् को।

जब उत्पीड़न से वो हो गईं बेहाल
तभी निकला एक ईश्वरीय प्रकाश
किसी ने कहा चीख कर, 'यही है मेरा खुदा'
'नहीं-नहीं, किसी ने कहा यह तो है मेरा भगवान्'
इससे सर्वत्र फैली अव्यवस्था

अचानक ही प्रकाश में से एक आवाज गूँजी
'मैं किसी का भी नहीं, तुम सब सुनो,
मोहब्बत मेरा मकसद था, पर फैलाते रहे तुम नफरत
इंसानों की जान ले तुमने खून किया मेरी खुशियों का।

'जान लो सब, खुदा और राम,
दोनों एक हैं, मोहब्बत में खिले हुए,
तभी ईश्वर ने एक क्षण के लिए सोचा
क्यों बनाया उसने अपनी रचना को इतना अंधा!

तभी तो उसने भेजा आत्माओं को वापस जमीं पर,
सच का संदेश फैलाने।
खुदा मोहब्बत है और मोहब्बत है खुदा,
और फिर एक शिशु ने लिया जन्म।

□

सपने, मेरे मित्र, सपने बुनो

अपने भीतर छिपी संभावनाओं—विशेषकर अपनी कल्पना शक्ति को व्यक्त करने और किसी भी कार्य को अपने एक अलग दृष्टिकोण से करने की इच्छा ही आपको इंसान की श्रेणी में रखती है। अन्य सभी की तरह आपको भी उस प्रभु ने इस धरती पर भेजा है, ताकि आप अपने भीतर की सृजनात्मक क्षमताओं को पोषित करें व अपने विवेक से शांतिपूर्ण जीवन व्यतीत कर सकें। एक इंसान के रूप में अपने जीने के अधिकार का दावा आप तभी कर सकते हैं यदि आप किसी भी कार्य को करने के लिए किसी बाहरी दबाव की अनदेखी करने का जोखिम उठाने के लिए तैयार हैं। यूनानी दार्शनिक पायथागोरस ने कहा था, 'सबसे पहले आत्मसम्मान से जीना सीखो।'

वेदना

तूफानी हवाएँ और बेचैन सागर,
तन्हा और काली, लंबी रातें
जुगनुओं से चमकते सितारे,
शून्य में खड़े कौन करे उनकी परवाह।
खामोश हैं तन्हा हैं हो गए हैं लापरवाह।

कड़कती बिजली, कंपित आसमान,
मेरा व्यथित मन चाहे रोना,
मदर टेरेसा दर्द से पीड़ित, ऐसा क्यों है
वह तो बच्चों से करती प्रेम असीमित।

दिल की गहराई से छलकता ममत्व
अकाल, अनाश्रित रहते उनके दिल में
हो गई क्यों बीमार, हमें अब कौन संभाले,
अपनाएगा कौन इन परित्यक्तों को?

भटक रहों को देगा कौन सहारा?
व्यथित आकाश, हैं छितराए बादल भी
बरस रही बरसात मानो रोता हो आकाश
कुदरत भी है दुःख से व्याकुल,

आओ मिलकर करें प्रार्थना हम सब

कहें परमपिता से उनको धरती पर रहने दो,
कुछ दिन बच्चों को उनका ममत्व और पा लेने दो।

□

संदेश

शब्द पानी तो प्यास नहीं बुझा सकता,
महज कोई फॉर्मूला तो जहाज नहीं तैरा सकता,
केवल वर्षा का उल्लेख तो नहीं भिगो सकता।

किंतु दिल और दिमाग से उठी चाह,
है, निश्छल और उत्कंठ, दैवी इच्छा की अभिव्यक्ति
मानो वसंत का अटूट, चिरंतन वादा,
कल्पना के अनुरूप उद्‌भाषित होता।

खुद पर विश्वास, मानो अग्नि सा ज्वलंत,
स्पंदित आवृत्तियों सा अनुनादी।
सत्य को खोजो, तुम्हें शाश्वत बना देगा
सत्यान्वेषी जैसी आकांक्षा और कर्म करो।

आस्था का वेग भेद सकता है हर अवरोध,
याद रखो; इंसान हैं सभी एक समान,
ईश्वर ने दिए उन्हें समान अधिकार,
जीवन, स्वतंत्रता और निरंतर प्रसन्नता का उपहार।

और सफलता का रहस्य है यह

अपने काम से प्रेम करो
अपने सपनों पर विश्वास रखो
धरती पर नहीं ऐसी कोई शक्ति
जो तोड़ सके तुम्हारे सपनों को!

□

यदि आप अपने बच्चों को कोई उपहार दे सकते हैं, तो उन्हें उत्साही बनाएँ

—ब्रूस बारटन

जब मैं एक छोटा बालक था तो मेरे पिता अवुल पाकिर जैनुलाब्दीन ने मुझे एक महान् पाठ पढ़ाया था। एक दिन मैं अपने घर पर लालटेन की रोशनी में जोर-जोर से अपना पाठ याद कर रहा था कि तभी किसी ने दरवाजे पर दस्तक दी। कोई आगंतुक भीतर आया और मेरे पिता से मिलने की इच्छा व्यक्त की। मैंने उन्हें बताया कि पिताजी नमाज के लिए मस्जिद गए हैं, वे बोले, 'मैं उनके लिए कुछ लाया हूँ। क्या मैं इसे यहाँ रख सकता हूँ?' मैंने माँ से इजाजत लेने के लिए माँ को पुकारा; वह भी नमाज अता कर रही थीं, इसलिए उन्होंने कोई उत्तर नहीं दिया। सामान चारपाई पर रखने के लिए कहकर मैं फिर अपनी पढ़ाई में लग गया।

उन दिनों मेरे पिताजी रामेश्वरम् पंचायत बोर्ड के अध्यक्ष थे। नमाज अता कर जब वे घर लौटे तो वहाँ पड़ा सामान देख उन्होंने पूछा, 'यह क्या है? यह किसने दिया?' उन्होंने सामान को खोलकर देखा। उसमें एक कीमती धोती, अंगवस्त्रम्, कुछ फल और मिठाइयाँ रखी थीं। वे बहुत क्रोधित हुए। मैंने पहली बार उन्हें इतना गुस्से में देखा था, और पहली बार ही मुझे उनसे मार भी पड़ी थी। बाद में मुझे

भयभीत और रोता देखकर वे मेरे नजदीक आए, मेरे कंधों पर हाथ रखा और बोले, 'कभी भी किसी से उपहार मत लो, उपहार देने में सदैव कोई उद्‌देश्य होता है।' उन्होंने धर्मग्रंथ का एक उद्धरण मुझे सुनाया, 'जब ईश्वर किसी व्यक्ति को किसी एक पद पर बैठाता है तो वह ध्यान रखता है कि उसे पद के यथायोग्य प्राप्ति भी हो। यदि कोई व्यक्ति उससे आगे जाकर और अधिक लेता है तब वह अवैध लाभ लेने जैसा होता है।' मैं अब उम्र के 70वें दशक में प्रवेश कर चुका हूँ परंतु वह सबक आज भी मुझे अच्छी तरह से याद है।

मैं नहीं हम

माली ज्यों बीज उगाए,
अम्मा-बाबा ने भी मेरे मन में कुछ बीज बोए,
ईमानदारी और आत्म-अनुशासन के
नेकी में आस्था और सागर सी गहरी दयालुता के
बीज बने फूल, फूल बने फल,
पा रहा हूँ आज भी उस शिक्षा का फल।

दुनिया को देखता हूँ, है माणिक मोतियों की ललक,
ईश्वर को भुला एक-दूसरे से झगड़ा,
दृष्टिहीन खोज रहा सहारा किसी का,
भीड़ भरी सड़क लाँघने के प्रयास में नन्हा शिशु
नरक सा प्रदूषण, कलुषित जीवन,
अगर यही प्रगति है तो हमने ये क्या किया?

क्या बोया, क्या काट रहे हम?
वर्षों पूर्व जब पिता बने पंच मुखिया,
डलिया भर-भर फल दे गए खुश करने कोई
तुरंत फेंक बाहर घर से बाबा ने इक पाठ पढ़ाया।
सड़े बीजों को उगने का मौका मत दो।
दो उखाड़ तुम ऐसी खरपतवार को जड़ से।

किसका काम है खरपतवार उखाड़ना,

आत्म–त्याग और बहादुरी से अपयश का सामना करना
फैली हुई बुराइयों को चुपके से पोंछ देना
मैं क्यों नहीं? मैं क्यों? यदि मैं नहीं तो कौन?
यदि मैं नहीं, तो कौन?
बेहतर होगा, मैं नहीं, हम सब हों।

□

निश्छल विचारों की कल्पना करो और जीवन का आनंद लो

'जन्नत कहाँ है? पूछो मेरे बच्चे—ऋषि कहते हैं, यह जन्म-मरण की सीमाओं से परे है। रात-दिन के चक्र से अविचलित, यह इस धरती की नहीं है···

सागर खुशियों के ढोल पीट रहा है,
फूल तुम्हारे स्पर्श के लिए उत्सुक हैं,
जन्नत तो जन्मी है, तुम्हीं में,
इस धरती माँ की माटी में।'

—**रवींद्र नाथ टैगोर,** प्रेमी का तोहफा

कवि हमारे मन को निश्छल और शांत बनाते हैं, हमारी कल्पना को समृद्ध बनाते हैं, जिससे हमारा जीवन सँवरता है।

बादल

ऊपर, बादलों में, तन्मय विचार
सब मुझसे करते, एक सवाल,
क्या यह दुनिया वास्तविक है ?
इन बादलों को मैं अक्सर देखता हूँ सफर में
कभी तो विमान से,
या फिर अपने विचारों में।

बिखरे हुए बादल जैसे इमारतों का समूह।
नीले आकाश वाले परियों के देश में,
फरिश्तों ने बनाए होंगे ये भवन,
कभी-कभी बिजली की कड़क,
मानो सजदा कर रही है देवों का,
अथवा मूसलाधार बरखा
मानो साकार कर रही हो हमारी आशाओं को।

देवाशीष सी फैली सूर्य की किरणें,
जैसे स्वर्ग के पुष्पों की रंग-बिरंगी लड़ियाँ।
काले घने बादल और तूफानी हवा ने अचानक मुझे जगा दिया,
यथार्थ से मेरा परिचय करा दिया,
हाँ, हिम्मत और यश भी एक बड़ी सच्चाई है !

ये ही हमें ले जाती हैं परिचित प्रश्नों की ओर,

हम कहाँ से आए और क्यों पैदा हुए?
कैसी मंजिलें हमें प्रेरित करती हैं,
मुझे अपने पिता के वे शब्द याद आए,
जो उन्होंने जिबरान पढ़ते हुए मेरी माँ को थे सुनाए।

'तुम्हारे बच्चे तुम्हारे नहीं,
वे हैं, जिजीविषा की संतानें,
आईं तुम्हारे जरिए, लेकिन तुमसे नहीं'
काश! उस बादल सी आजादी मुझे भी मिल जाती!

असीम नियति के क्षितिज पर विचरण,
वैराग्य की शांति में बहते साँस लेते हुए,
शक्ति की आकांक्षा से हो विरक्त,
मानव प्रेम और शांति के लिए प्रार्थना कर रहा हूँ।

□

गौरव

स्वार्थी दुनिया, वक्त-जरूरत, हमें भूखों मारे
तिकड़मी लोग, व्यवहार में और भी नीच,
जब कभी मैं इस नस्ल की शिकायतें सुनता हूँ
तो ब्रह्मांडीय सत्य मेरा जवाब बन जाता है
'देने-लेने में देना पहले आता है,
देना शुरू करो, स्वयं मिलता जाएगा।'
स्वार्थी दुनिया को मेरा यही जवाब है।

एक समय वह था जो हम सबने देखा
जब औचित्य और गर्व रह गए पीछे
तब एक नया सवेरा हुआ, एक नए युग का आविर्भाव
'न हम डरते हैं, न झुकते हैं'
लंगोट बांधे गांधी ने दृढ़ विश्वास से किया ऐलान
जो मजबूत हैं, ये शब्द उनको ही समझ में आएँगे।

यह दुनिया है माया, नहीं केंद्रित ध्रुवों पर
युगों पुरानी सच्चाई है, बचेगा केवल सक्षम ही
उसी तरह हमारी शक्ति भी
कमजोर का अस्तित्व समाप्त हो जाएगा।
यही है संदेश आज के युवाओं को मेरा :
'तोड़ दो बंधन निराशा और अविश्वास के
नई बुलंदियों को पाने के लिए
बढ़ जाओ आगे दाता के आशीष से।'

□

महान् विचार चमत्कारी होते हैं

अंग्रेजी के मैमोरी शब्द में दो शब्द मिले हैं—मैं और मोर। अगर आपकी याददाश्त ज्यादा (मोर) अच्छी है तो आप स्वयं को और अधिक जान सकते हैं। कहा जाता है, 'सच की खोज करो, सत्य तुम्हें आजाद कर देगा।' सत्य की खोज की ओर बढ़ने वाले कदम अपेक्षित, आकांक्षी, आवश्यक और योग्य हैं। इस ओर जब कदम बढ़ते हैं और सत्य को जानने की तुम्हारी इच्छा बहुत तीव्र और सच्ची होती है, न कि महज निरर्थक उत्सुकतावश, तो याददाश्त की दीप्ति आपको आत्म-अन्वेषण और आत्मचिंतन के क्षेत्र में ले जाएगी और आपकी समस्याओं से निपटने में आपको सहयोग देगी। एक बार जब आपकी याददाश्त दीप्त हो जाएगी तो आपके सपने भी साकार होंगे। बाइबल में लिखा है—''माँगो और आपको मिलेगा।''

अपने बच्चे के मन की बात समझने वाला पिता बुद्धिमान है

—विलियम शेक्सपीयर

जब मैं छोटा था, मेरे पिता नमाज अता करने जाते समय मुझे साथ ले जाते थे। वे नमाज अता करने के लिए घुटनों के बल बैठते, मैं भी वैसे ही बैठकर उनके साथ-साथ वही सब शब्द दोहराता। अकसर मेरे बड़े भाई मुस्तफा कमाल मेरी गलतियाँ सुधारते। बाद में रामेश्वरम् में मेरी हरेक यात्रा के दौरान पिताजी मुझे उसी मस्जिद में ले जाते। मेरी पच्चीस वर्ष की आयु तक यही क्रम चला। एक दिन लौटकर अलग होते समय मैंने उनकी आँखों में आँसू देखे। उन आँसुओं में मेरी औलाद को देखने की आकांक्षा थी।

पितृ अभिलाषा

सुहानी नींद में सपनों की उड़ान भरते हुए,
सुनता हूँ मैं अक्सर अपने स्नेही माता-पिता की आवाजें,
मानो स्वर्ग से नीचे झाँक रहे हों,
हमेशा की तरह बस वही एक सवाल,
'हमारा वंश बढ़ानेवाला
नाती कहाँ है हमारा?
गर्व है हमें तुम पर, बढ़ना आगे भी चाहिए यह सिलसिला...
तुम भी न होगे जब, याद करेगा कौन हमें तब?'

रुद्ध कंठ, उत्तर देने में विवश,
मेरे पास कभी न था कोई जवाब।
जीवन की खोज में सूर्य रोशन करे दिन,
यूँ ही गुजरता जाए समय आता रहे अगला दिन।
माता-पिता की गुहार उनकी आत्मा की आवाज,
मजबूर करती है मुझे हर वक्त चिंतन के लिए,
माता-पिता का गर्व और मेरा ये जीवन किसलिए?

बड़े से बड़े राजवंश धराशायी हुए इतिहास में,
सम्राटों की संतानों ने छोड़ दिए सिंहासन
इंसान को याद किया जाता है, उसके कर्मों से,
जैसे पवन की सुगंध बता देती उसका उद्‌गम।
तैर रहे हैं अब एक हवा पर,

परेशान करने वाले सपने मेरे।
इसी हवा में है एक नया पैगाम,
अग्नि की ज्वाला चीर कर, कर गई आकाश को अपने नाम।

शक्ति और बल का यह दर्शन
भय से मुक्ति जगमगाती सबका जीवन,
परंपरा की बेड़ियाँ यूँ टूटीं ज्यों शाख से फल,
सुहानी नींद और तैरते सपने
अब नहीं उठाते पूर्वजों के गर्व की गुहार।
सुवासित पवन, सुहानी रात,
चारों ओर शांति और बिखरी हुई चाँदनी।

मेरे मन मंदिर में माता-पिता आए
मुसकराते चेहरे, आँखों में आँसू लिये
आशीर्वाद मुझे पूरे मन से दिए,
नाती के रूप जब पाई शक्ति की प्रतीक,
अग्नि, उनका नाम आगे बढ़ाने के लिए।

□

दीपमाला से जन्म लेता है प्रकाश

अग्नि के सफल परीक्षण ने पूरे देश को उल्लासित कर दिया था। अग्नि के निर्माण के समय एक घटना घटी। अग्नि के निर्माण कार्य में लगे होने के कारण लगभग चालीस दिन से अपने घर-परिवार से दूर एक वैज्ञानिक ने, जो इस कार्य में विशेष निपुण है, अपने घरवालों का कुशलक्षेम जानने के लिए उन्हें हैदराबाद फोन किया। उनकी पत्नी ने फोन उठाया, पर ज्यादा बात न कर फोन उनके पिता को थमा दिया। पिता ने उनसे बातचीत की और उन्हें आश्वस्त किया कि वे सब हैदराबाद में कुशल से हैं और जानना चाहा कि वह कब घर लौट रहे हैं। कुछ दिन बाद अग्नि के सफल प्रक्षेपण के पश्चात् जब वे लौटे तो पत्नी को रोते हुए देख काफी व्याकुल हुए। तब उन्हें पता चला कि एक सप्ताह पूर्व उनकी पत्नी के भाई की एक दुर्घटना में असमय मृत्यु हो गई थी। अग्नि-निर्माण के कार्य में बाधा न पड़े, यह सोचकर घरवालों ने उन्हें यह खबर नहीं दी थी।

ऐसे परिवारों को मैं झुककर सलाम करता हूँ।

अदृश्य हाथ

बहुत दूर बंगाल की खाड़ी में,
जहाँ समुद्र गहरा और ऊँची हैं लहरें,
अग्नि उतरता है गौरव और प्रकाश के साथ
आह्वान करने राष्ट्र का इस अर्जित शक्ति से।

सराह रहा इस उपलब्धि को अचंभित विश्व,
जल में अग्नि को घेरा समुद्री जीवों ने,
उत्सुकता से पूछा उसका मूल-स्रोत :
''अग्नि! बनाया, तुम्हें किसने दिया आकार?''

''कौन थे वे, किनका है यह अद्भुत करिश्मा?''
झाँकते हुए अपने अतीत में बोली अग्नि
''वैज्ञानिकों और अभियांत्रिकों के,
कठिन परिश्रम ने दिखाया यह दिन आज।

''चुपचाप जुटे रहे, कितने दिन-रात
तराशते, परखते रहे बार-बार
पारखी नजरों से गढ़ते रहे रूप मेरा
भूख-प्यास-नींद को भुला कर
थी उन्हें लक्ष्य पाने की आस।

''लक्ष्य पाने का जोश और समर्पण भाव

अपना हित भूल इन सबने मिल किया मुझे जीवंत-साकार।''
समुद्री जीव बोले, ''क्या खूब दिया वैज्ञानिकों ने रूप-आकार!''

अग्नि बोली—
''नहीं केवल वे ही नहीं लगे थे इस काम में
माना प्रेरणा और इच्छा देती है सफलता,
प्रौद्योगिकी व परिश्रम करते सच सपना,
पर मेरे सर्जकों की पत्नियों-माताओं ने भी
की थी उनकी राह की अड़चन कम
करती रहीं, दीप जलाकर मौन प्रार्थना सफलता की उनकी
हर दिन आशा के दीप जलाए,
आशीष से इनकी जुड़ी थीं करोड़ों आशाएँ।

''प्रेमिका का प्यार, बच्चों का स्नेह,
आशीष बड़ों का, प्रकाश पत्नियों के प्रदीप्त दियों का,
देखा एक प्रकाश अनूठा, तेज चमक सरीखा,
उम्मीद, नजर व प्रेम से परिपूर्ण।

''जब महिलाएँ और पुरुष हों एक साथ,
प्रेम और समझबूझ आती एक साथ
जगमगाते हैं दीप आशा और सृजन के
जन्म लेती है पवित्र-सशक्त अग्नि।

''देश का विकास, गौरव व समृद्धि है बढ़ती।''
देख चारों ओर अग्नि ने लिया गहरा श्वास,
बोली उनसे जो थे खड़े वहाँ
''जन्मी हूँ मैं अपने सर्जकों की
पत्नियों व माताओं के
जलाए दीपों से।'' □

सही शिक्षा का सबक

मेरे पिता के दो मित्र थे, फादर बोडेल और लक्ष्मण शास्त्रीगल। मैं उस वक्त लगभग दस वर्ष का था, जब मैं अकसर उन्हें गीता, कुरान और बाइबिल पर चर्चा करते हुए देखता। मेरे पिता स्थानीय मसजिद के संरक्षक और प्रधान थे। पक्षी लक्ष्मण शास्त्रीगल रामेश्वरम् के वैदिक विद्वान् थे और वहाँ के प्रसिद्ध मंदिर के मुख्य पुजारी थे। फादर बोडेल रामेश्वरम् के ईसाई गिरिजाघर के संस्थापक थे। इन तीनों महान् प्रबुद्ध आत्माओं को मैंने धर्म में वर्णित प्रेम और दया पर चर्चा करते हुए सुना। मैं सोचता हूँ, इनसे मुझे अद्भुत ज्ञान प्राप्ति हुई। ये तीनों मेरे प्रमुख प्रबुद्ध आदर्श मॉडल बने, जिन्होंने मुझे धर्म को अध्यात्म में परिवर्तित करना सिखाया। अलग-अलग धर्मों में विश्वास रखनेवाली, एक छोटे गाँव में साथ-साथ रहनेवाली इन तीन महान् आत्माओं ने आने वाली पीढ़ियों के लिए विचारों की एकता का आधार तैयार करने में विशेष सहयोग दिया।

चट्टान की दीवारें

आजीवन कुछ लोग बनाते चट्टान की दीवारें,
मरते हैं जब वे मीलों लंबी दीवारें बाँट देती हैं उनको।
कुछ अन्य चिनते हैं पत्थरों की दीवार
फिर उस पर बनाते हैं छत, जहाँ प्रेम के लिए करते हैं प्रार्थना!

कुछ अन्य बनाते हैं दीवारें, बागीचों के चारों ओर
करे सकें शांत क्षुधा अपनों की
चट्टान की दीवारों से कुछ और बनाते हैं घर
कर सकें प्रकृति व सेवा मानवता की।

मैंने कोई दीवार नहीं चिनवाई
हर्ष या विषाद दिखाने को।
त्याग अथवा उपलब्धि, खोने या पाने को।
मैं तो सुंदर पुष्प उगाता हूँ, खुली धरती पर,
तालाबों व नदियों में कुमुदिनी तैराता हूँ।

मैं पेड़ लगाता दूँ चिड़ियों के बसेरों के लिए,
जब भोर का सूरज चमकता है, समीर का झोंका आता है,
पेड़ों के पत्तों से छनकर आती है धूप,
भाती है मन को तब परिंदों की उड़ान
आजादी का अहसास दिलाती है।

रंग और नूर का बिखरा खजाना,
फूलों की महक देती मुझे आनंद।
प्रकृति की ताल पर नाचती कुमुदिनियाँ,
क्यों हम खड़ी करें दीवारें इन्हें बंदी बनाने को?

न कोई मकान मेरा, बस खुला स्थान है
सच्चाई, परोपकार, अभिलाषाओं और स्वप्नों से भरपूर है
बस एक ही है लालसा बन जाए मेरा भारत विकसित महान्,
चारों ओर हों खुशियाँ और शांति, है यही मेरा बस एक सपना।

□

ईश्वर का आशीष हमारे प्रयासों की प्रतीक्षा करता है

हम श्रेष्ठता की होड़ में रहते हैं, अपनी महानता का दावा करते हैं, इससे स्वयं दुःखी होते हैं, दूसरों को भी दुःखी करते हैं। इस समूचे परिदृश्य में हम यह भूल जाते हैं कि हम वास्तव में बहुत तुच्छ हैं। हम एक छोटी सी आकाश गंगा के निवासी हैं। हमारा सूर्य एक नन्हा सा तारा है। हमारा बसेरा, पृथ्वी तुच्छ ग्रहों में से एक है।

उसकी श्रेष्ठतम रचना

एक दिन ईश्वर ने सोचा
कि अब समय आ गया, मानव जीवन के सृजन का।
कैसा दूँ रूप उसको, कैसा उसका नख-शिख रचूँ
गए वर्षों बीत रचने में उसका स्वरूप
गारे और मिट्टी से होना था निर्माण
मन यथास्थान।

आखिर रची एक मूरत उसने
किया निरंतर श्रम बनाने उसे त्रुटिहीन
स्थान, समय और उसका बहुआयामी बहाव,
प्रवाहित अबाध गति से,
फिर उसे लगा कि अब है मूरत त्रुटि-विहीन।

फिर समय आया कि उसे जीवंत करता,
चंद्रमा और सूर्य दोनों अपनी रश्मियों बिखरे रहे थे,
सितारे अपनी शीतल किरणें उडेल रहे थे,
तब परमपिता ने जीवंत की निष्प्राण काया,
आँखे खोलीं मानव ने रब को देख मुसकाया।

उस मुसकान ने मन मोह लिया ईश्वर का,
मानव बोला : 'शुक्रिया, हे विधाता!'
इंसान के पहले कार्य को देख भगवान् प्रसन्न हुआ,
इंसान खुदा का अक्स लेकर दुनिया में रहने आया,

अनायास ही खुदा कुछ महसूस कर हैरान हुआ।

उसके बनाए इंसान में कुछ कमी थी,
एक क्षण में उसने लगाई एक आग,
तत्काल उस ज्वाला से निकला शैतान।
उसने ईश्वर को झुककर किया प्रणाम,
बोले परमपिता : ''तू है मेरी दूसरी रचना ओ शैतान''

'झुक जा इंसान के सामने जो मेरी श्रेष्ठतम रचना।'
'हरगिज नहीं परमपिता', बोला शैतान,
'मैं कभी नहीं झुकूँगा इंसान के सामने,
वह मिट्टी से बना है, मैं ज्वाला से निकला हूँ,
भला मैं क्यों झुकूँ सामने उसके?'

'जिस मूरत को साकार करने में लाखों-करोड़ों वर्ष लगे…'
ईश्वर उस गुत्थी को सुलझाने में बड़े असमंजस में पड़े,
उन्होंने इस पर किया विचार कुछ पल,
तभी उनके सामने निकल आया इसका हल।
उन्होंने निर्णय लिया दोनों रचनाओं को एकाकार करने का
उन्हें मिला एक कर दिया।

तब भगवान् ने इंसान को आदेश दिया
'ओ मेरी श्रेष्ठतम रचना, मैंने तुझे प्रतिभा और दिमाग दिया,
स्वयं अपना अक्स तुझमें साकार किया,
इन्हें इस्तेमाल कर,
ताकि पराजित कर सको भीतर के शैतान को,
फिर मेरे पास शुद्ध पवित्र होकर आना,
और जीत का मुझसे शुभ आशीर्वाद पाना।'

□

सागर मेरा जीवन है लहरें दिल की धड़कन

मैं बंगाल की खाड़ी के एक द्वीप रामेश्वरम् में पैदा हुआ था। जब तक रामेश्वरम् में रहा, मैं सुबह, शाम, रात समुद्र को अलग-अलग तरह गरजते हुए सुना करता था। यह गर्जना हर मौसम में अलग-अलग होती। उन दिनों मैं आठ साल का नन्हा बालक था, जब मेरे पिता ने एक बढ़ई के साथ मिलकर एक नाव बनानी शुरू की। साल-दर-साल मैंने नाव को बनते हुए देखा। चार वर्ष की मेहनत के बाद नाव बनकर तैयार हुई। जिस दिन उसका जलावरण हुआ, उस दिन मेरे पिताजी ने एक खास नमाज अता की और गरीबों को भोजन कराया। दस साल तक वह नाव हमारी आजीविका का साधन बनी रही। मेरी शुरुआती शिक्षा उस नाव से होनेवाली आमदनी से ही पूरी हो पाई थी। एक दिन रामेश्वरम् द्वीप पर एक समुद्री तूफान आया और वह हमारी नाव को भी बहा ले गया। एक बार फिर उस दिन मेरे श्रद्धालु पिता ने अपना दुःख भुलाने के लिए नमाज अता की थी।

यादें

जब मैं पलटता हूँ बचपन के पन्ने,
वे उछलते-लहराते, वर्डस्वर्थ के डैफोडिल्स से।
फरिश्तों सी रमणीयता, गृह-स्मृतियाँ साकार,
वसंत के सुंदर पुष्प, बयार में नृत्य करते।

समुद्र की नीली लहरें टकरातीं सुनहरे तट से,
रजत झाग से सजे उनके सुंदर कर।
पिता बना रहे समुद्री नौका,
और हम टहलते रामेश्वरम् तट पर।

उस चलहकदमी का आनंद, मेरी आत्मा को भरता,
है आज भी मधुरता से।
वह शंखध्वनि, तीर्थयात्रियों की पवित्र पदयात्रा,
जैसे खुशबूदार समीर और दैवी हृदयों का स्पंदन,
पिता अब भी एकाग्रचित्त बना रहे अपनी नौका।

टुकड़ा-टुकड़ा जोड़ देते नौका को आकार,
जैसे प्रार्थना-रत हों, दैवी कला संपन्न करने को।
प्रस्फुटित बीज, प्रकृति में पुष्प लहराए,
उनकी नौका मौजों और प्रकृति के संग होती समरस।

तैरती नौकाएँ, उफनती मौजें,

व्यापक क्षितिज, रोमांचक आकाश,
वे सब थे एक समान, उनकी आँखों में :
नौकाएँ खिलौना हैं लहरों से खेलने वालों के लिए।

मछलियाँ और समुद्री जीव नौका के चारों ओर,
उसके माथे का चुम्बन लेकर उसकी कला बखारने,
समुद्र, पक्षी, मछली और मानव सब एक हैं,
सभी पृथ्वी पर समुद्री-घर के साझेदार।

पचास वर्षों बाद बिलकुल अलग सा है यह नजारा,
अब ललित कला का सृजन नहीं, होता है उत्पादन,
रचनाकार की आत्मा उसमें अभिव्यक्त नहीं,
मानव और प्रकृति बिछुड़ गए कहीं…

समुंदर की छाती चीरती मोटर-नौकाएँ,
भयभीत मछलियों को दूर भगातीं।
सूरज की किरणें भी डर रही हैं धुंध से,
जैसे निराकार अँधेरे से भयभीत कोई बालक।

कौन कराएगा इंसानों का
परमपिता की शांति से मिलाप,
एक साथ हुई थी, प्रकृति व मानव की रचना,
इकट्ठे वे नियंत्रित कर सकते हैं संसार को,
तभी यहाँ होगा शांति व आनंद का साम्राज्य।

□

आकाश का विशाल तारा हमारे जीवन का आधार होना चाहिए

मैं श्रीरंगपट्टनम के ऐतिहासिक तटों पर घूम रहा था। 18वीं शताब्दी में यहाँ दो महत्त्वपूर्ण युद्ध हुए थे। भारत ने विश्व का प्रथम युद्ध रॉकेट बनाया था। ये रॉकेट ब्रिटिश वॉर म्यूजियम में रखे हुए हैं—बारुद से भरी छोटी नालियाँ, छोटी टोंटी और विस्फोटक युक्त प्रक्षेपास्त्र (एक मुड़ी हुई तलवार)। इन रॉकेटों के प्रयोग से ही अंग्रेजों को पराजित किया गया। मैंने इनके महत्त्व को समझा और उस पर चिंतन किया, मानो अरुणोदय के साथ ही धुँध छँट गई।

कोलाहल

रुपहली धुँध का घूँघट ओढ़े विशाल सागर,
इस चुनौती को विच्छिन्न करने, उगने वाला है सूरज।
जैसे पिंजरे में बंद बालक भय से चिल्लाए,
समुद्र की गर्जन धुँध को दूर भगाए।

चारों ओर पसरी पतझड़ की नीरसता,
याद दिलाए मुझे बीते दिनों की,
यह तन्हाई और बेचैन खयाल,
मैं डूबा अतीत की कितनी ही यादों में।

परिक्रमा में रोहिणी और आकाश मिसाइल का आरोहण,
नाग और त्रिशूल के साथ अग्नि और पृथ्वी,
ज्वाला दहकाते, पहुँचे लक्ष्य की ओर
फिर भी क्या हम पर हुई आनंद की वर्षा ?

मेरे आत्म-प्रेरित कृत्यों का कौन करेगा आकलन,
वैज्ञानिक, इतिहासवेत्ता अथवा मैं स्वयं ?
क्या यह विज्ञान के उत्थान का था प्रयास,
अथवा देश को अंतरिक्ष में कवचित करने का था अहसास,
या फिर विनाशकारी शस्त्रों का था आह्वान,
जो नस्ल को मिटाने में हों सक्षम ?

नीड़ हीन गिद्ध मँडराए आकाश पर,
एकल चिंतन करूँ यायावर जीवन पर,
मैं भी इस विद्रोही विचार का समाधान करूँ
गिद्ध-सी तीक्ष्ण दृष्टि से।

तन्हाई, चिंता और अपराध-बोध सालता है हमें,
मायूसी और उदासी देती है व्यथा,
यह जीवन मिला हमें आनंद के साथ
चुनौतियों का करें सामना हम हिम्मत और बुद्धि के साथ

वीरों का पोषण करो, बनाओ उन्हें महान्,
भाग्य को सोच न कभी हुआ मैं भयभीत।
मैंने चाहा था केवल एक स्थान,
पवित्र ड्योढ़ी में, अपनी मातृभूमि के लिए।

जैसे उगते सूरज सा अटल विश्वास,
इस नेक काम के आह्वान ने कराया कठोर श्रम,
करता रहूँगा अपना कर्तव्य निर्वहन बढ़ता रहूँगा सदा आगे
भाग्य की राहों पर सीख लेता भूलों से।

मेरी प्रफुल्लित आत्मा निहारती सूर्योदय,
इसके साथ ही धुँध बिखरी और विद्रोही विचारों का हुआ विनाश,
आकाश में इंद्रधनुषी रंगों की छटा,
और मेरे पास होगा विमान एक महान्
नापने को आकाश की असीम ऊँचाइयाँ।

□

कभी-कभी ईश्वर अपने बच्चों से खामोशी, धैर्य और आँसुओं के अलावा और कुछ नहीं माँगता।

—सी. एस. रॉबिनसन

आँसू

मेरे आँसू चाँदनी रात में चमके,
मेरे आँसू अँधेरी रात में दमके।
और तो और ये दोपहर की धूप में झमके,
मेरे आँसू मेरी सफलता और असफलता में भी चमके।
मेरे बच्चों बहादुर बनो,
ये आँसू ही तुमको बनाएँगे महान्।

□

माँ जैसा ईश्वर दूसरा नहीं

बचपन में एक रात अपने भाई-बहनों की ईर्ष्या का पात्र बन मैं अपनी माँ की गोद में सो गया। देर रात अचानक जब माँ के ममतापूर्ण अश्रु मेरी गाल पर गिरे तो मेरी आँख खुल गई। वह स्मृति आज भी मेरे ख्यालों में एक सुंदर अहसास के रूप में ताजा है।

मेरी माँ

समुद्र की लहरें, सुनहरी रेत, तीर्थयात्री की आस्था,
रामेश्वरम्, मसजिदवाली गली, सब मिलकर हो गए एक,
मेरी माँ!
तुम मेरे पास ऐसे आती हो जैसे स्नेहपूर्ण दैवी भुजाएँ,
मुझे याद हैं संघर्ष के दिन, जब जिंदगी थी एक चुनौती,
और कठोर श्रम—
सूर्योदय से घंटों पहले, मीलों चलना,
मंदिर के निकट संत समान अध्यापक से पाठ पढ़ने के लिए,
फिर मीलों दूर चलना अरबी के सबक के लिए,
रेतीली टीलों से होकर रेलवे स्टेशन मार्ग पर जाना,
समाचार पत्र लेकर नगर में वितरित करना,
फिर स्कूल जाना।
रात के अध्ययन से पूर्व संध्या को अखबारों के पैसे इकट्ठे करना,
छोटे लड़के के वजूद में समाया हुआ यह दर्द,
मेरी माँ तुम बदलीं एक पवित्र शक्ति में।
मेरी माँ तुम पाँच समय खुदा के सामने झुकीं,
खुदा की कृपा से मेरी माँ तुम्हारा पवित्र साया,
तुम्हारे बच्चों में शक्ति बन समाया।
तुमने हमेशा जरूरतमंदों को दिया,
उसमें आस्था रखकर तुमने सदा दिया, बस दिया
मुझे वह दिन आज भी याद है,
मैं दस वर्ष का था तब की यह बात है।

मैं तुम्हारी गोद में सोया था,
बड़े भाई और बहनों की ईर्ष्या बनकर।
पूनम की रात थी,
मेरी दुनिया को सिर्फ तुम ही तो समझती थीं।
आधी रात को जब मेरे कपोलों पर आँसू गिरे, तब मैं जागा।
मेरी माँ ने मेरे दर्द को जाना, मैं यह भाँप गया।
तुम्हारे स्नेही हाथ धीरे-धीरे मिटाते इस दर्द को,
तुम्हारे प्रेम, परिचर्या, विश्वास ने दी शक्ति मुझको
कर सकूँ निर्भय होकर सामना इस विश्व का
फिर मिलेंगे हम हश्र के दिन, ओ माँ!

□

ईश्वर ने एक खुशहाल विश्व की कल्पना की थी

जब लोग बहुत खुश होते हैं या फिर बहुत तकलीफ में होते हैं तो संगीत और फूल हमेशा उनसे मित्रवत् व्यवहार करते हैं।

विशेषकर अच्छा संगीत हमारे भीतर प्रवेश कर हमारी आत्मा और शरीर को प्रसन्नता से भर देता है। अच्छे संगीत से विचारों की कलुषता बह जाती है और एक अच्छा और सच्चा मनुष्य सामने होता है।

जूही की कली

प्रातः समीर, पक्षियों का कलरव,
जूही के कुंज मेरी राहों में।
पुरशोर गली, सुगंध भरी,
लताएँ जैसे नृत्य करें कोकिल की तान पर
हवा का एक झोंका आया,
उसने राह में एक फूलों की डाली को गिराया।

एक लम्हे को घबराईं
मधुमक्खियाँ, वापस आईं अपने काम पर,
जमीं पर गिरे हुए जूही के फूल पर भी।
इस डर से कि कहीं पाँव न पड़े लताओं पर,
मैं घूमा लंबे रास्ते की ओर।

लताओं की सरगोशी छू गई मेरा अंतरतम।
उसे सुनने को मैंने अपनी रफ्तार धीमी की,
नन्हीं कली अपनी माँ से कहे,
क्यों हम खिलें,
इंसानों के तोड़ने-मसलने को।

माँ ने कली की बात सुनी,
हँसते-हँसते नाच उठी,
कहा उसने मेरी बच्ची, मन की सच्ची

पक्षी क्यों गाएँ गीत, करें क्यों नृत्य पीयूष
पवन झकोरों पर मृग क्यों नाचें।

जलपक्षी धोएँ अपने परों को, तैरते जाएँ अपनी अदा में,
यह सब मदमस्त नजारा, कुदरत कर रही इशारा,
इस बात को वे इंसान समझ पाएँ,
जिनके दिल गहराई में उतर जाएँ।
यदि मृग उछलना छोड़ें और पीयूष नृत्य को छोड़ें,
सुंदर जलपक्षी तैरना छोड़ें, गायब हो जाए
आत्मा को स्पंदित करने वाला गीत और संगीत,
फूलों के रंग और खुशबू, माहौल को महकाना छोड़ें,
हों अगर इन सबसे महरुम, हम मानव धरती पर

कठोर आत्माएँ, कर्कश भाषा,
हिंसा बनी मानव अभिलाषा,
कृत्य वीभत्स, कर्म शैतानी,
घर-घर में उलझन, विश्व में परेशानी,
उस सब नरक से निजात के लिए

ईश्वर ने चाहा खुशियों भरा संसार,
संगीत की मधुर लहरों पर सुंदर गीत की तान
शहनाई, सरोद, वीणा और तबला
ये मिलकर सुकोमल बनाएँ आत्मा के छोर
जैसे गाते तोते, नृत्यरत मोर।

कूदते मृग, तैरती बत्तख, गुलाब, डेज़ी और लिली की सुवास,
कमल और जूही आत्मा को दुलारें,
इनसे रहने योग्य बने संसार,

इंसानों में आए इंसानियत।

लेकिन प्रकृति के लिए अब दिल हुए पत्थर,
दुष्टता गई आत्माओं में भर।
ईश्वर चाहते हैं खुश हो जाओ,
हम भी खिलेंगे महकेंगे, तुम भी खिलोगी,
ऐ नन्हीं कली माहौल को महकाओगी।

□

प्रार्थना की शक्ति

मेरे एक युवा मित्र को अचानक बाईपास सर्जरी करवानी पड़ी। ऑपरेशन की चिंता ने उन्हें उद्विग्न कर दिया। कुछ समय पहले तक वे स्वस्थ और हृष्ट-पुष्ट माने जाते थे।

मैं उन्हें ढाँढ़स बँधाना चाहता था। इसलिए मैंने अपने विचारों को संजो कर एक कागज पर लिखा और उन्हें मित्र को भिजवा दिया। मैंने कहा, 'इस कविता को हर रोज पढ़ो, शरीर के साथ-साथ मन का उपचार भी जरूरी है।'

आत्मा को छूती है प्रार्थना

वह मेरा दोस्त, एक सजीला नौजवान,
हमेशा महान् कार्यों के सपने सँजोता,
चाल उसकी फुर्तीली तेज-तर्रार,
सब समझते उसे स्वस्थ-प्रसन्न।
सहसा एक दिन हुआ उसका तन-मन बीमार,
डॉक्टरों ने कहा उसके दिल की
होगी बाईपास सर्जरी।

खामोशी में उसने खिड़की से घाटी को निहारा
आँखों से बह निकली अश्रुधारा।
सामने की दीवार पर मुस्काता परिवार का चित्र
बहुत संभला पर रो उठा उसका मन
मैं उसके पास पहुँचा और दी उसको सांत्वना,
विचारों को संजो अपने, मैंने दिए उसे पढ़ने को।

'जिसका हो खुदा उसका कौन बिगाड़ सकता है,
मैंने उसे पुकारा, उसने सुनी
मेरी पुकार और मुक्त कर दिया हरेक भय से,
दिव्यता के उपचार ने,
मेरी आत्मा में आकर हर ली सब पीड़ा।

जब खुदा का नूर मुझमें समाया,

मेरे शरीर व आत्मा में खुशियाँ बन कर लहराया।
ऐ खुदा शुक्रिया तेरी रहमतों के लिए।
मेरे मित्र ने इसे बार-बार पढ़ा,
दिन बीते धीरे-धीरे समय ने उसे स्वास्थ्य का वरदान दिया।

उसने मेरे सँजोए विचारों को रखा था पास बिस्तर के अपने,
वह हमेशा की तरह प्रसन्न था जिंदगी से बँध गई थी उसको आस।
उसने मुझे एक पुर्जा दिया जिसमें था लिखा,
'मेरे विचारों को किया बुलंद तुमने, शुक्रिया ऐ दोस्त मेरे।

तुम्हारी प्रार्थना ने आनंदित किया, मेरी आत्मा व शरीर को
सशक्त किया, मेरे तन-मन और हृदय को
उसने मेरा हाथ पकड़ा और होकर भावविभोर बोला,
'शुक्रिया ऐ मेरे दोस्त! बस शुक्रिया!!'

□

स्वर्ण नहीं, केवल मनुष्य ही किसी जाति को महान् और बलवान बना सकता है।

—रैल्फ वाल्डो इमरसन

जून 1989 में मैंने अपने कुछ सहयोगियों के साथ पेरिस एयर शो देखा। विभिन्न देशों में बने तरह-तरह के विमान जटिल करतब प्रदर्शित कर अपनी विशेषताएँ प्रदर्शित कर रहे थे। मन अपनी मा:तृभूमि के प्रति उत्कंठित हो उठा और कागज के एक छोटे से पुर्जे पर मैंने यह कविता लिखी।

अब हमें गर्व है कि भारत में बने स्वदेशी हलके युद्धक-विमान (एल ओ सी) सफलतापूर्वक उड़ान भरते हैं।

ऊँचे सपने

पेरिस में शानदार 'एयर शो' जारी था
मेरे विचार भी ऊँची उड़ान पर थे, अपने देश के लिए।
ऐसे विमान मेरे देश में कब बनेंगे, जो
तड़ित गति से उड़कर आकाश को भेदें,
जैसे आसमान से उतरते फरिश्तों की तरह वे जमीं को छुएँ
तभी दुनिया वालों से हम कह पाएँगे
'देखो हम कर सकते हैं, हम भी कर सकते हैं।'
जब हम संगठित होकर समर्पित होंगे, अपने लक्ष्य के लिए
तब आसमान में हमारी सीमा, हो जाएगी असीम
पा लेंगे हम हर मंजिल,
न रोके सकेगी कोई सीमा असीम।

□

मैं बिहार का शिशु

मैं बिहार में जन्मा हूँ,

मैं कर्मशील हूँ,

मैं उस धरती पर विचरणशील हूँ, जो थी महात्मा बुद्ध की विहार स्थली,

मैं उस पवित्र धरती पर विचरणशील हूँ, जहाँ थे भगवान् महावीर क्रियाशील,

मैं उस खुशहाल धरती पर विचरणशील हूँ, जहाँ गुरु गोविंद सिंह ने किया था विचरण और भ्रमण।

उस धरा पर पढ़ूँगा, चिंतन करूँगा, जहाँ महान् खगोलविद् आर्यभट्ट ने, पृथ्वी व सूर्य के परिक्रमा पथों, और तारों व ग्रहों की गत्यात्मकता की खोज की थी।

गंगा नदी प्रफुल्लित है

बिहार की उर्वर धरती मुझे पुकार रही श्रम के लिए।

इस सुंदर धरती पर ईश्वर मेरे साथ है, मैं निरंतर श्रम करूँगा और सफल होऊँगा।

□

गौरव प्राप्ति

राष्ट्रपति का पद सँभालने के बाद मैंने बिहार राज्य की अनेक यात्राएँ कीं। मैंने महसूस किया कि बिहार के युवाओं को मेरी आवश्यकता है। पवित्र गंगा नदी इस राज्य से होकर गुजरती है। यह खूबसूरत धरती समृद्धि और वैभव से परिपूर्ण है और इसका एक अद्‌भुत इतिहास है। मैंने पाया कि बिहार के युवा वर्ग में असाधारण बौद्धिक क्षमताएँ हैं और यहाँ का युवा वर्ग बहुत मेहनती है। उन्हें अवसरों से परिपूर्ण अपने राज्य की गरिमा को आत्मसात् करने की आवश्यकता है। उन्हें अपनी गरिमा और क्षमता प्राप्ति के लिए एक संकल्पना की आवश्यकता है।

आदम की औलाद

फरिश्ते मुक्त हैं, क्योंकि वे ज्ञानी हैं।
शैतान मुक्त हैं, क्योंकि वह अज्ञानी हैं।
इन दोनों के बीच में आदम रह जाता है संघर्ष के लिए।

—रूमी

15 अगस्त, 1947 को हमारे हाई स्कूल के अध्यापक श्रद्धेय अय्यादुरै सोलेमन मुझे पं. जवाहरलाल नेहरू की मध्य्र रात्रि में दी जानेवाली स्वतंत्रता दिवस की तकरीर सुनाने के लिए ले गए। उन दिनों सभी घरों में रेडियो नहीं हुआ करते थे। नेहरूजी की तकरीर ने हमें द्रवित कर दिया। अगली सुबह सभी समाचार पत्रों ने इस महत्त्वपूर्ण घटना को अपना मुख्य समाचार बनाया।

परंतु साथ ही एक अन्य समाचार भी छपा था, जो आज भी मेरी स्मृति में ताजा है। यह था कि कैसे सांप्रदायिक दंगों से पीड़ित परिवारों का कष्ट दूर करने के लिए गांधीजी नंगे पाँव नौआखली में घूम रहे थे।

साधारणतः राष्ट्रपिता होने के नाते महात्मा गांधी को उस समय सत्ता हस्तांतरण और राष्ट्रीय ध्वज को फहराना देखने के लिए राजधानी में होना चाहिए था। जबकि वे उस समय नौआखली में थे, यही महात्मा की महानता थी। इसने मेरे हृदय पर एक अमिट छाप छोड़ी।

एक प्रार्थना : देश के लिए

स्वतंत्र भारत के जन्म का पुण्य-पर्व!
मध्य रात्रि में विदेशी ध्वज झुका
लाल किले पर।

लालकिले पर तिरंगा फहराया, सबने राष्ट्रगान गाया।
यह था अवतरित होना
स्वाधीन भारत के प्रथम प्रभात के
एक सुखद स्वप्न का!

हर ओर उल्लास, हर तरफ आह्लाद।
पर इनके बीच यह कैसी वेदना, एक मर्मांतक चीत्कार—
कहाँ हैं राष्ट्रपिता?
खादी के श्वेत परिधान वाली
वह पुण्यात्मा!
दुःख और वेदनाओं के बीच विचरती,
सांप्रदायिक हिंसा से आहत,
घृणा और अहंकार से तिरस्कृत!
राष्ट्रपिता महात्मा
नंगे पाँव, बंगाल की काँटों भरी तप्त
राहों पर भटक रहे थे
शांति और सौहार्द के लिए।
महात्मा की दिव्य आत्मा के

आशीर्वाद की असीम शक्ति से,
हे, सर्वशक्तिमान, हमें वरदान दें!
बतलाएँ कि देश का दूसरा स्वर्णिम प्रभात
कब अवतरित होगा?

मेरे देशवासियों के मस्तिष्क में
सद्‌विचार दें,
और उन विचारों को कर्म में
परिणत करने की क्षमता दें।
देश का हित, स्व-हित से सर्वोपरि हो—
जनता और नेताओं के मन में
ऐसी अवधारणा अंकुरित कर।

देश के कर्णधारों को,
शक्ति दें
वरदान दें
वरदान दें शांति और समृद्धि का।
सभी धर्मों के पथ-प्रदर्शकों को
प्रेरणा दें कि वे
कोटि-कोटि भारतवासियों के मस्तिष्क में
स्नेह और सौहार्द का ऐक्य-भाव
जगाने में सफल हों।

हे परमपिता,
मेरे देशवासियों को कर्म के लिए
प्रेरित कर।
प्रेरित कर विकासशील राष्ट्र को विकसित राष्ट्र में रूपांतरित करने के लिए।

यह दूसरा परिदृश्य
मेरे देशवासियों के श्रम एवं श्रम-स्वेद
से आए
मेरे देश के नौनिहालों को
उस भारत में रहने और जीने का
वरदान दो,
जो समृद्ध और सुख-संपन्न हो!

(श्री हिमांशु जोशी द्वारा अनूदित)

□

धरती माँ का संदेश

1. सुंदर वातावरण प्रेरित करे,
सुंदर दिमागों को।
सुंदर दिमाग सृजित करें,
ताजगी, रचनात्मकता।

2. धरती और समुद्र के सृजित अन्वेषक,
सृजित मस्तिष्क जो करें नवप्रवर्तन,
सृजित महान् वैज्ञानिक विचारक,
सर्वत्र सृजित,
आखिर क्यों?

3. महान् अन्वेषणों ने जन्म दिया अनेक अन्वेषणों को,
अनजाने देश और महाद्वीप खोजे।
अनख़ोजे रास्तों पर चले,
बनाए नए राजपथ।

4. श्रेष्ठतम दिमागों ने शैतान भी उपजाए,
युद्ध और नफरत के बीज बनाए।
सैकड़ों साल धरती पर युद्ध की हुंकार रही,
यह मिट्टी इंसानों के रुधिर से लाल रही।

5. मेरे लाखों प्रतिभावान बच्चे,
खो गए धरती और समुद्र में।
अनेक राष्ट्रों में आया आँसुओं का सैलाब,
कितने ही दुःखों के सागर में डूब गए।

6. फिर यूरोपीय संघ का आया वजूद
उसने शपथ ली,
कदापि न बनाएँगे मानव ज्ञान को विनाशकारी,
स्वयं या दूसरों के लिए।

7. अपने विचारों में संगठित,
कर्तव्यों के प्रति अडिग,
यूरोप को समृद्ध और शांतिमय बनाने के लिए,
यूरोपीय संघ हुआ आविर्भावित।

8. खुशियों का पैग़ाम है,
मेरी आकाशगंगा के इस ग्रह के लोग
स्पंदित और हैरान हैं
हे यूरोपीय संघ तेरा उद्देश्य
हर जगह फले-फूले
सुवासित पवन सा
जिसमें हम लेते हैं साँस!

□

हिंद महासागर

मेरी उत्ताल लहरों का उफान,
उनके रहस्यमय कथ्य,
मुंबई / दारेस को आलिंगित करते,
हम सब धरती माँ के पालने के शिशु,
हममें निहित एक ही मानव-सभ्यता,
इन देशों में जीवन की पीढ़ियाँ, लहरों के समान
उनका उत्थान-पतन समय में घुल जाना,
बेबाक और वट वृक्ष हैं साक्षी इस चक्र के।
गुलामी की जंजीरें विदेशियों की पराधीनता,
यह सब अतीत की कहानी।
अब शक्ति और सत्ता जनता की,
गांधीजी और नेहरू की नेकी और रूहानी ताकत
उन्होंने हमें आजादी दी।
अब तुम्हारे सामने है एक मिशन,
प्रबुद्ध युवाओ, अब तुमने करना है श्रम,
अपने लोगों को सुखी-समृद्ध बनाने को,
क्योंकि धरती के इस भाग की
तुम्हीं हो सबसे बड़ी आशा।

□

एक प्रार्थना कुंभकोणम के दिवंगत बच्चों के लिए

प्यारे नन्हें-मुन्ने बच्चो! प्यारे नन्हें-मुन्ने बच्चो।
तुम्हारे माता-पिता ने तुम्हारे लिए सुंदर सपने सँजोए थे,
और तुम सब अपने ही सपनों में खोए थे,
फिर अग्नि ने तुमको तुम्हारे सपनों सहित लील लिया,
ले गई तुम्हें ईश्वर की दिव्य उपस्थिति में।
रिवाज तो यह है कि बूढ़े पितरों को बेटे दफनाएँ,
लेकिन कुंभकोणम ने दुखद दृश्य दिखाया,
बिलखते माता-पिता अपने नन्हें-मुन्नों को दफना रहे थे,
ऐ खुदा! इन नन्हें-मुन्नों पर अपनी रहमत कर,
उन्हें अपने पवित्र साए में शरण दे।
हे खुदा! दुःख में पागल उनके माँ-बाप को ऐसी शक्ति दे,
कि सह सकें इस अपार दुःख को।
तेरी कृपा और दया सब रूहों को राहत पहुँचाए,
आँखों से आँसू पोंछे और दर्द को दूर भगाए।
हे सर्वशक्तिमान!
इन नन्हे-मुन्नों पर कृपा कर!

□

धरती की महिमा

गौरव के साथ चमक रही
लाखों-करोड़ों तारों के साथ
हमारी आकाशगंगा
एक हमारा प्रिय तारा सूरज, अन्य आठ ग्रहों के साथ,
परिक्रमा करे इसकी।
पच्चीस करोड़ सालों में पूरी करे एक परिक्रमा
आकाशगंगा में कहीं से आई एक हैरान आवाज।

''देखो धरती में कैसी वैभवपूर्ण चमक,
कहाँ से आई यह दमक।''
एक मधुर और कोमल जवाब आया :
''यह नहीं साधारण रोशनी,
यह है ज्ञान का प्रकाश,
यह है सेवा का प्रकाश,
यह है शांति का प्रकाश,
विशेषत: विर्कीणत प्रशांति निलयम से,

जब धरती संपूर्ण करती है अपनी अस्सीवीं परिक्रमा,
अपने हृदय में समेटे एक महान् आत्मा!''

□

एकीकरण

खुदा ने फरिश्तों से कहा,
मेरी सर्वश्रेष्ठ रचना आदम को नमन करो।
सभी सजदे में झुके, लेकिन शैतान ने किया यह ऐलान,
मैं आदम से बेहतर हूँ।
मैं जीवन में उत्पन्न, यह मिट्टी से निर्मित,
घमंड ने शैतान को जन्नत से निकाला।
प्रतिबंधित फल ने आदम से छिनवा दिया जन्नत का नजारा।
जन्नत से निकलकर दोनों को मिला अक्ल का दान,
भौतिक जीवन शैली मात्र प्रमाद,
एकीकरण व तप की संतुष्टि ही मार्ग प्रशस्त करे सुख-शांति का।

□

जीवन का अमर पक्षी

जीवन एक अमर पक्षी, जो मरकर भी जी जाए,
चुनौतियों भरा भविष्य दिखाए,
मरण वेदी से नवजीवन की ज्योति जगाए।
थोपा गया था युद्ध, शहादत चमकी,
वीर सैनिकों की स्मृतियाँ, सौंदर्य की ज्योति जगाएँ।
अमर पक्षी है रूपक जीवन में कर्म का,
वीरों की राख में महानता का है यह स्मरण।

□

मेरा उद्यान मुसकराए

1. मेरा उद्यान मुसकराए, वसंत के स्वागत में।
गुलाब, सुंदर गुलाब
खुशबू से महकते, सुंदरता में भरपूर,
मधुमक्खियाँ गुनगुना रही हैं
सुहाने दृश्य सर्वत्र छाए,
मेरा उद्यान मुसकराए।

2. मनोरम दृश्य मुझमें समाया,
मेरे तन व आत्मा को उसने खुशियों से महकाया,
तरह-तरह के गुलाबों का पूरा परिवार,
शीतल, मंद, सुगंध पवन के झोंके लिये
एक गतिशील मनोरम दृश्य बनाए,
मेरा उद्यान मुसकराए।

3. पूरी तरह खिले हुए,
आसमाँ की तरफ उठे हुए, सभी गुलाब,
यह चमत्कार है देखने लायक।
एक सुंदर आकर्षक आवाज,
गुलाबों के बीच से गूँजी एक लय के साथ,
ऐ मेरे मित्र! जरा देख आकाश को।
मैंने देखा पूर्ण चंद्र अपनी भव्यता में,
शक्तिशाली शुक्र ग्रह,
हमारी आकाशगंगा में एक-दूसरे के अति निकट। □

हम कहाँ हैं

प्रिय मित्रो हम कहाँ हैं,
उस महासभा में जो इतिहास का आकर लेती है,
भारतीय हृदयों के स्पंदन पुकारें,
लोग हमसे पूछें, हमसे पूछें।

हे सांसदो, भारत माता के कर्णधारो,
हमें प्रकाश में ले चलो, जीवन हमारा सँवारो,
आपका साध्यश्रम है हमारा प्रकाश स्तंभ,
यदि आप कठिन श्रम करें,
तो हम सब हो सकते हैं समृद्ध,
यथा राजा, तथा प्रजा।

महान् विचार विकसित करो,
उठो, कर्म पथ पर बढ़ो,
सदाचार हो आपका पथप्रदर्शक,
ईश्वर के आशीर्वाद से,
सभी की खुशहाली हो।

□

मेरी शांति प्रार्थना

हे सर्वशक्तिमान!
मेरे देशवासियों के मन में ऐसे विचार-कर्म भर दे,
कि वे रहें मिलजुलकर।
उनको दे ऐसा वरदान,
कि वे चले सद्मार्ग पर,
जिससे सबलित होता चरित्र
मेरे देश के सभी धार्मिक नेताओं की सहायता कर,
कि वे लोगों को अलगाववादी शक्तियों का सामना करने की सामर्थ्य दे सकें।

मेरे देशवासियों को राह दिखा,
कि वे विभिन्न सिद्धांतों का आदर करने व व्यक्तियों
में वैमनस्य दूर करने की प्रवृत्ति बनाएँ,
संस्थाएँ व राष्ट्र मैत्री व सामंजस्य अपनाएँ।
जनता व नेताओं के मन में यह विचार उपजा दे,
कि 'राष्ट्र बड़ा है व्यक्ति से।'
हे ईश, मेरे देशवासियों को आशीष दे,
कि वे अध्यवसाय से जुटें,
देश को एक शांतिपूर्ण व समृद्ध राष्ट्र बनाने के लिए।

□

जल हमारा मिशन

पुकारती माँ मुझे कहकर नीली नील,
मेरी माँ ने मुझे श्वेत नील पुकारा,
चढ़ी उम्र की हमने जब मंजिल,
तब पूछा, 'माँ ओ माँ,
बताओ तो भला क्यों रखा नाम हमारा नील ?'
स्नेहसिक्त हो हमारी माताएँ बोलीं,
'ओ! बेटियो,
करती रहतीं तुम सदा विचरण,
लाँघतीं पर्वत, घाटी और वन,
मील हजारों चलतीं, करतीं नौ देशों को समृद्ध।
फिर आती खारतूम
नीली और श्वेत नील, तुम्हें मिला है एक लक्ष्य
ईश्वर इच्छा से, करो प्रसारित यह सुंदर संदेश,
जब हो सकता है नदियों का संगम,
हे मानव, तो क्यों नहीं होता हृदयों का मिलन,
और क्यों नहीं रह पाते तुम उल्लसित, प्रसन्न ?'

□

बरगद का प्रश्न झकझोर गया मेरा मन

दोपहर की बेला,
मार्तंड का अपना रूप प्रचंड,
दृष्टिभ्रम अनेक, निराश मानव मन।
दकहते सूरज की चिलचिलाती धूप,
कर रही पसीने से धरती को तरबतर।

व्याकुल मन, सब पोंछ रहे पसीना,
और मैं था खड़ा उस सुंदर बरगद की
निर्मल छाया तले।
बढ़ते शिशुओं सी उसकी शाखाएँ विशाल,
बाहों में बाहें डाले मानो रोके हुए थीं किरणों को।

वाह, क्या ठंडी हवा सुहानी देती राहत,
फुदक रहे पक्षी खेलते उन शाखाओं पर।
शीतल छाया में थी दुबकी बैठी कोयल,
अलसायी आँखों से देखे प्रचंड धूप को,
मैनाएँ सिखा रहीं थीं उड़ना शिशुओं को।

घनी छाया में मोर करें अभ्यास नृत्य के,
पीछे थी अधखुले पंखों वाली मोरनियाँ उनके।
मेरे मन में तभी आया एक विचार ऐसे,
पत्तों में से झाँक रही हों किरणें जैसे,
'ओ ज्ञानी, गुणी, बुद्धिमान इंसान।

सहकर, तपकर देते हम छाया,
पशु-पक्षियों और मानव को।
झुलसाती तपती गरमी में देते शीतलता तन-मन को,
पर तुम क्या देते इस धरती और इक दूजे को?'
बरगद का यह प्रश्न, झकझोर गया मेरा मन।

□

ओ मेरे राष्ट्रपति कलाम, देना है एक संदेश आपको

एक शाम, एक खूबसूरत शाम
अपने प्रकृति प्रदत्त कुटुंब को
देने कृतज्ञता मिशन पर था मैं।
विशाल बड़ वृक्षों के बीच
मुगल उद्यान की कुटिया में जा पहुँचा मैं
वनस्पति फैला रही थी सुगंध चारों ओर,
थिरक रहे थे फव्वारे शहनाई की तान पर
शुक सैकड़ों झूम रहे थे ताल पर चारों ओर,
एक बड़ वृक्ष बोला मुझसे, 'ओ! कलाम
मौसम आते-जाते हैं
रहते हम यूँ ही खड़े अपना विशाल तना धरती पर बिछाए।
चूस लेते दोपहरी की गरमी सारी
देते हम हर पखेरू को बसेरा।
देते बयार और शीतल छाया
सभी जीवों को हर ओर
'मनुष्य क्या देता' बोलो कलाम'
प्रिय दोस्त, तुमने दे दिया मुझे
एक महान् संदेश

निरंतर जारी रखो अपना मिशन अर्पण बस केवल अर्पण
आए अचानक शुक अनेक
पेड़ों की शाखाओं पर वो गए बैठ
शांत, निर्मल उस बड़ कुंज में
एक शुक ने किया मुझसे सवाल
'हम शुक हैं मनमोहक और निश्छल
जैसे तुम कविता में दर्शाते हमको
ओ कलाम, क्या तुम उड़ सकते हो ऐसे ?'
नहीं-नहीं मेरे मित्र, यह आशीष मिला तुमको ही
खुशियाँ फैलाने के मिशन में लगे रहो सदा ही।
मेरा मानवीय गर्व हो गया चूर-चूर।
एक नया दृश्य दिखा
कुटिया में था मैं बैठा
आठ मोर-मोरनियों ने आ घेरा
मगन हो तीन मोर लगे नाचने
थिरक-थिरक रहे थे नाच,
वो फैलाकर पूरे अपने पंख
आज रुकते न थे उनके पाँव
था वह एक ईश्वरीय नजारा
जो न था देखा कभी मैंने
तीन मोर नाचें हों एक साथ बाग में मेरे
मानो समय था गया थम।
एक छोटे मोर ने था देखा मेरी ओर
'कलाम सर! पहचाना मुझको ?'
अरे दोस्तो! दिखते सब एक जैसे ही तुम

मोर बोला, 'हूँ वहीं मैं जो था पड़ा अचेत एक दिन
कक्ष के पास आपके,
था बुलाया डॉक्टर सुधीर को
दुलारा था प्यार से मुझको आपने
किंतु मैं न था होश में, बस समझ पाया यही
सुधीर ले गया था अपने आरोग्यालय में मुझको,
मेरे गले के जख्म को था उसने भरा
दवा और सेवा से हो गया था ठीक मैं,
लौटा गया डॉक्टर मुझे फिर आपके ही पास
आपके आशीष में लगा उड़ने मैं फिर,
झूमता मैं, था कभी मैं नाचता
कलाम सर, आज नाच-नाच कर
हम दे रह विदाई तुम्हें'
अरे मेरे प्यारे नन्हें दोस्तों
ईश्वर ने तुमको दिया है
कृतज्ञता का महान् वरदान
बाँटते रहो, फैलाते रहो जाओ जहाँ भी तुम।
जैव विविधता उद्यान में गया
हिरणों का झुंड अपने शिशुओं के संग
दौड़ रहा था दौड़ता जा रहा था।
था सबसे बड़ा हिरण कर रहा उनका नेतृत्व
मुझे देखते ही बोला वह, 'मैं हूँ इन हिरणों का नेता।'
और तभी सब खड़े हो गए एक कतार में सिर झुकाकर
जैसे दे रहे हों मुझे सलामी।
तभी हुआ एक चमत्कार,

देखा एक प्यारासा, नन्हासा हिरण शिशु
बढ़ रहा है मेरी ओर धीरे-धीरे
और फिर लगा मेरे हाथ को चाटने
मेरी ओर देखा और था बोला,
मैं ही हूँ वह शिशु हिरण
जिसे पिलाते थे आप दूध प्रतिदिन।
परित्याग दिया था जब मेरी माँ ने मुझे
क्योंकि था एक कमजोर शिशु मैं,
कृता हूँ आपका, मुझे दूध पिलाया बहुत दिन
मेरे घावों को मरहम लगाया आपने
हिरण स्वस्थ मुझे बनाया सुधीर और आपने।
इस घटना ने किया रोमांचित मुझे, चला हिरण झुंड फिर वहाँ से।
झर रहे थे कृतज्ञता के आँसू आँखों से और झुके थे सिर उन सबके।
अस्त हो रहा था सूर्य,
क्षितिज से चंद्रोदय था हो रहा,
आध्यात्मिक उद्यान था मुझे बुला रहा,
ओ कलाम! है एक संदेश तुम्हारे लिए।
जैतून, खजूर, तुलसी
और अन्य कई वृक्षों का है परिवार हमारा।
रहते हैं हम सब एक साथ
देखा होगा हमें आपने बढ़ते हुए साथ-साथ,
हिंदू-मुसलमान, ईसाई
और अन्य धर्मों के लोग भी
पूजते हैं हमें सभी
पवन करती आलिंगन हमारा

सभी ऋतुओं में
हम बिखेरते ताज़गी और खुशबू फ़िजा में
कलाम, पूरी मानवता को तुम
दे सकते हो उदाहरण हमारा।
ओ मेरे आध्यात्मिक गुरुओ
दे रहे हैं आप महान् संदेश विचारों की एकता का
निश्चित ही यह मेरे लिए था,
ज्ञान के भंडार से एक उपहार
मुझे मिला उत्तर, क्या दे सकता हूँ मैं।
प्रकृति के जीवों ने मुझे किया प्रेरित,
क्या दे सकता हूँ मैं?
जरूरतमंद इंसानों के दुःख दूर करके
दुखी दिलों में खुशियाँ भरकर
और इससे भी ऊपर, मैंने जाना
देने में ही है सुख
मानो खुशियाँ-ही-खुशियाँ बिखरी हों चारों ओर।

□

अमर जवान ज्योति

दिलों में जगाती हिम्मत की रोशनी
देश में फैलाती समर्पण की लाली
बलिदान का संदेश फैलाती
आत्मविश्वास राष्ट्र का बढ़ाती।

हवाएँ लहराती उम्मीदों की यहाँ
शांति और साहस का प्रेरणा स्थल है यहाँ
उलटी बंदूक और उस पर रखा है टोप यहाँ
वादा निभानेवाले नायकों का स्मारक है यहाँ।

काला पत्थर और चारों ओर प्रज्ज्वलित ज्योति
उनके अदम्य साहसी बलिदान का मौन संदेश
पुष्पाञ्जिली देते नम आँखों से तुम्हें,
अमर जवान ज्योति, हार्दिक नमन है तुम्हें।

□

रक्षाबंधन-सदाचार प्रण/प्रतिज्ञा

पुलकित हृदय, चंद्रमा पूरा
शांतिपूर्ण, विश्वस्त अंतर्मन
जलते दीप, दमकते दिल
आभा और आनंद, शांति की लय तन्मोमय।
हर्षित घर, पुलकित झरनों से
फैलाते खुशहाली होता जहाँ-जहाँ से उनका जाना
दयावान मन, सचरित्र कर्मवीरों के
परिजन और परिवार बनाते सुंदरतम समाज का तान
बहनें बाँधेंगी राखी भाई के हाथों
लेंगी उनसे सही और सुधरे जीवनयापन का वादा
माथे लगे तिलक और अक्षत
सुविचार, सुकर्मों का जैसे सदन अलंकृत

□

संपन्न छत्तीसगढ़

बनें संपन्न महान् छत्तीसगढ़ के वासी

घूमा मैं बार-बार, खूब घूमा,
भारत भूमि के अंतर्मन,
छत्तीसगढ़ के घने जंगलों में,
था बहुत ही रमणीय और स्मरणीय वह मिशन।

दे गया आनंद मुझे सुवासित फूलों और चित्रकूट के झरनों का संगीत,
आह्लादित हुआ मैं प्रफुलित हुआ मन,
मुदित हुआ मन देख दोस्तों को फिर से,
इस महान् स्थापना दिवस पर

वीर नारायण सिंह की कुर्बानी को आज मैं करूँ सलाम,
भूमकाल की क्रांति जन्मी इसी पुण्य भूमि पर,
गुरु घासीदास ने रचा शांति और एकता का संदेश यहीं पर,
समृद्ध धरा हो, स्वप्न यही था खूब चंद का।

महानदी की घाटी में, देख रहा मैं,
उदय हो रहा एक विकसित और खुशहाल भारत,

मेहनतकश लोगों का पसीना,

चमक रहा है इस धरा के हृदय कमल पर।

बनें संपन्न महान् छत्तीसगढ़ के वासी।

आ.प.जै. अब्दुल कलाम

(7 नवंबर, 2006 को 00.30 बजे राजभवन,
छत्तीसगढ़ में यह कविता लिखी गई।)

□

श्रद्धांजलि

तुम सात सुरों की स्वरलहरी
दें गीत तुम्हारे शांति–आनंद
संगीत संपदा से तुमने सृष्टि भर दी सारी
तुमने ईश्वर को भी किया चकित
दिलाया सुरलहरी को श्रेष्ठता का अहसास
किया आत्मविभोर आध्यात्मिक संगीत ने हमें
द्रवित, झंकृत किया हमारा हृदय मधुर संगीत से
स्वर लहरी ने पार किए अस्सी बसंत
देवी रूप में तुम चमकी जैसे इक तारा,
माँ सरस्वती के फूलों के तुमने गूँदे हार
श्रीरागम में तुम्हारा नहीं कोई सानी
भक्ति संगीत की ऊँचाइयों से पाया भारत रत्न
तानसेन की सरगम को तुमने दिए नए सुर
तुम समय का श्रेष्ठ वरदान
अन्नमाचार्य, पुरंदरदास के संगीत में तुमने मन को रमाया
कर्नाटक संगीत को नहीं कोई तुमसा गा पाया
सुर से अपने तमिल संगीत को दी नई बुलंदी
अब हुआ विलीन पाँच तत्त्व में नश्वर शरीर ये
अमर हो गया संगीत तुम्हारा युगों–युगों के लिए

अब छोड़ ये दुनिंया तुमने जन्नत में किया बसेरा
पर रहती हो तुम अब भी कोटि-कोटि ह्रदयों में
दोगी अब शाश्वत संगीत यह दूसरी दुनिया को भी।

□

श्रीमती एम.एस. सुब्बालक्ष्मी के निधन के बाद श्रद्धांजलि देने मद्रास जाते हुए हवाई जहाज में यह रचना रची।

शाश्वत धरती माँ

पृथ्वी मानवता को पाले,
जैसे जननी शिशु समर्पित।
जैव विविधता गर्भ सरीखी
पर्यावरण पिलाए अमृत,
वातावरण कवच पहनाए,
ॠतुएँ करें संचार शक्ति का,
और सजाएँ फूल सुवासित।
ओ मानवगण!
उन्नति करो सँजोकर माँ को,
आदर करो, सुरक्षित रखो
लो उतना भर जितना बस जरुरी हो,
वापस दो जो लिया
खा लिया
और छोड़ दो आने वाली पीढ़ी को बाकी भर।
क्या दे सकता मानव धरती माँ को अपनी ?
उससे ही जन्मा है, उसमें ही जा चिर-विश्राम करेगा
वह शाश्वत है
हम हीं तो बस भंगुर-नश्वर।

आ.प.जै. अब्दुल कलाम

(14वें नेशनल चिल्ड्रंस साईंस कांग्रेस के अवसर पर 26 दिसंबर, 2006
की रात बागडोगरा, सिक्किम में रचित।)

□

मेरे प्यारे सैनिको

ओ! सीमा के प्रहरी
मेरे देश के महान् सपूतों,
जब सोए हुए हम देखें सपने सुहाने
तुम तब भी अपना फर्ज़ निभाते रहते

तेज चलें हवाएँ या हों दिन बर्फीले
या झुलसाती हों सूरज की तपती किरणें
तुम यूँ ही चौकन्ने देते पहरा
मानो योगी कोई घूमे सूनी डगर पर

पर्वतों पर चढ़ना हो या घाटियाँ हो लाँघनी
करनी हो रक्षा मरुस्थल की या कच्छ की
निगरानी सागर की या रक्षा आकाश की
राष्ट्र को है अर्पित सारी जवानी तुम्हारी

तुम्हारी वीरता का संदेश देती हवाएँ
बहादुरो, करें हम प्रार्थना तुम्हारे वास्ते
ईश्वर की तुम पर रहे सदा कृपा।

□

राष्ट्रपतिजी ने यह काव्य-संदेश उनसे भेंट करने आए नेशनल एजूकेशन सोसायटीज़ हाई स्कूल, भांडूप (पश्चिम), मुबई, महाराष्ट्र के बच्चों के एक दल के माध्यम से भारतीय सैनिकों के लिए दिया। बच्चों का यह दल भारतीय युवाओं में देशभक्ति का भाव जगाने भारत-पाक वाघा सीमा पर सैनिकों से मिलने जा रहा था।)

संकल्पना

मैं निरंतर चढ़ा, चढ़ता रहा,
शिखर कहाँ है, मेरे ईश्वर।
मैं निरंतर खोजता रहा, खोजता रहा,
ज्ञान का भंडार कहाँ है, मेरे ईश्वर।
मैं नाव खेता रहा, खेता रहा,
शांति का द्वीप कहाँ है, मेरे ईश्वर।
हे ईश्वर, मेरे देश को दूरदृष्टि और मेहनत से
आनंद प्राप्ति का वरदान दो।

□

मेरा गीत
(प्रवासी भारतीयों की भारतमाता को श्रद्धांजलि)

ओ माँ, मेरी भारत माँ
तुम जन्मदात्री, तुम पोषक हमारी,
दिया मिशन दूर जाने का,
और दिया एक शाश्वत संदेश।

ओ मेरी संतान, मेरे प्यारो
जाओ कहीं भी तुम अगर,
करो कोई भी काम मगर,
याद रखना तुम सदा,
वचन मेरे बहुमूल्य तीन।

कठिन समय में भी सत्य का साथ देना,
मेहनत करना और खूब पसीना बहाना,
ज्ञान और यश कमाना,
जिस भी धरा पर रहो समृद्ध उसे बनाना।

ओ भारत माँ, सात समुंदर पार गई
आशीष से तुम्हारे, पीढ़ियाँ हमारी कई,

नई धरती को हमने सींचा, समृद्ध बनाया
ज्ञान को जीने की राह हमने बनाया,
जीने के लिए खूब पसीना बहाया,
कर्म से अपने सदैव हमने मान आपका बढ़ाया।

कर्म से हमारे बढ़े मान आपका भी
हम रहें सदा संतान आपकी ही,
हम रहें कहीं भी,
हम काम करें कुछ भी,
ओ माँ, भारत माँ,
हम रहें सदा संतान आपकी ही।

□

---

9 जनवरी, 2007 को आयोजित पाँचवें प्रवासी भारतीय दिवस सम्मान समारोह के प्रतिभागियों के लिए डॉ. आ.प.जै. अब्दुल कलाम द्वारा रचित कविता।

सागर संगम

प्रिय मित्र, मैं रामेश्वर द्वीप हूँ।
हिंद महासागर के कांतिमय जल से मेरा जन्म हुआ।
ओ मेरे प्रिय द्वीप, मेरे मित्र,
तुम कहाँ से आए? रहते कहाँ हो तुम?

प्रिय मित्र रामी, मुझे सुंदर द्वीप फोरमोसा कहते हैं।
मैं, उगते हुए सूर्य को निहार रहे सुंदर फूल जैसा हूँ।
प्रशांत सागर के अद्‌भुत जल रूपी उद्यान के बीच रहता हूँ।
इस भव्य सागर की तरंगें मेरे चारों ओर फैली हैं।

ऐ मित्र, मेरे प्यारे मित्र फोरमोसा,
स्पंदित हृदय से करता हूँ मैं स्वागत आपका।
समाविष्ट है इस सागर विशाल में, प्राचीन धर्म संस्कृति और अलौकिक धरती
यही वह धरती है, जहाँ बुद्ध महान् थे रहते।

ओ रामी! निस्संदेह, ईश्वर की विशेष कृपा है इस देश पर,
है चारों ओर मेरे भी कई देश, रहते जहाँ मनुष्य अनेक,
यह धरती, यह देश, जो मेरा है अपना,

है जन्म स्थल, कंफ्यूशियस महान् का
किए कार्य अनेक महान् दर्शन था उनका
एक साथ मिल, फिर दोनों महासागरों ने की प्रार्थनाएँ,
मानों उतर आईं हों, संगम स्थल पर दो महान् आत्माएँ।
उत्सुकता से दोनों भव्य सागर, दिव्य आत्माओं से बोले।
करो गौरवान्वित धरा को ज्ञान से अपने।
किया था जैसे दो सहस्राब्दी पूर्व उन्होंने।
पहले दोनों मुसकाए, फिर दोनों की मुसकान बन तरंगें
समा गईं एक दूजे में शांतिपूर्वक
ज्ञान से प्रदीप्त महान् आत्माओं का चिंतन-मनन
देखने के इंतजार में,
चढ़ती-उतरती तरंगों के हरेक भाव को,
बैठकर धैर्यपूर्वक, विशाल सागर हाथ बाँधे देखते रहे।
तभी प्रफुल्ल सूरज ने चुपके से आकर
एक नए दिन की सुबह दिखाई
कृपालु संयासी मुसकाए और बोले
क्षितिज से आ रही उनकी आवाज की
प्रतिध्वनि ने आकाश को उत्सुकता से भर दिया।
मानवीय गौरव और शांति ने किया दूर शून्य, मानो समय रुक गया।
बुद्धिमान संत कंफ्यूशियस बोले।
ये दोनों महासागर आदि मानवता के पोषक हैं
जो एक ही समय धरती पर आए।
साथ इनसानियत तथा शांति का पैगाम लाए।

हे कुरुणामय! भगवान् बुद्ध

क्या दिखा सकते हैं आप दुनिया को
वैश्विक शांति और समृद्धि से जीने की राह,
शांत-प्रशांत बुद्ध मुसकाए,
बुद्धि व तर्क शक्ति मिली मानव को ईश्वर से उपहार में,
सच्चाई व अच्छाई की दिशा में बढ़े, है कार्य अब मानव का यही,
करे वह सदुपयोग इस अद्वितीय उपहार का।

प्रज्ञ, मनीषी, पावन गुरु हुए तैयार तब,
हे प्रबुद्धजन, मिले अद्‌भुत विचार आपके
जोड़ो, ईश दर्शन को तन-मन और आत्मा से।
मित्रो, तब द्वीपों ने अपने जन्मदाता सागरों के सुर-में-सुर मिलाया,
फिर से बार-बार अर्चना की,
अलौकिक शक्तियों से कहा अनुनयपूर्वक
संदेश दो मानव को नवजागरण का।

पुनः निमग्न हो गया, ब्रह्मांड,
ऊर्जावान हो उठा विश्व पुनः
लगी उठने प्रबल तरंगें तब दोनों महासागरों में,
और छू लिया उन्होंने धीरे से ईश्वर के चरणों को,
बजने लगी चारों ओर शहनाई।

(ओ धरती तुम्हारा विगत और वर्तमान अद्‌भुत है।
और जब ये दोनों मिल जाते हैं, हम जैसे सागरों के अभिनंदन हेतु
चारों ओर उद्‌भव होता है तब शांति ओर समृद्धि का भविष्य सबके
लिए)

ओ महान् संत कंफ्यूशियस, दिए उपदेश आपने
ल्यू में कृषकों और चरवाहों को,
दिया उपदेश आपने गृहस्थ जीवन के मूल्यों का, सदाचार का
ओ ज्ञानी, बोधिवृक्ष के नीचे प्राप्त कर ज्ञान,
तुमने घोषणा की थी—'सदाचारी व्यक्ति का चरित्र निश्छल होता है'।

प्रज्ञ संत बोले तब,
हाँ अब मैं गाऊँगा—
निश्छल व्यक्ति के घर में शांति का होता वास

तब ज्ञानी बुद्ध ने कहा—
जब होती शांति घर में,
राष्ट्र व्यवस्थित होता है,
जब राष्ट्र व्यवस्थित हो तो
शांति विश्व में आती है।

दोनों महान् संतों ने मिलकर साथ-साथ दिया,
मानवता को विश्वशांति, सुख-समृद्धि का आशीष
सागरों-द्वीपों ने मिल खुशी मनाई,
हवाओं-तरंगों ने मिल गाया जीवन श्रीराग
ओम शांति-ऊँ शांति
बजा फिर ही-पिंग चीनी राग
पूर्ण हुआ तब जीवन गान।

□

भव्य राष्ट्र

सुंदर मगर सबसे जुदा, रक्तिम आभा फैली ब्रह्मांड में,
हैरान परेशान थे सभी सितारे, उस आह्वान से
तेजस्वी मनमोहक प्रकाश आया कहाँ से ये,
कौन लाया? यह हुआ प्रकट कहाँ से
ब्रह्मांड सारा था पुकार रहा,

बताता हूँ! मेरे दोस्तो,
ब्रह्मांड के मेरे मित्रो, 'मैं सूर्य हूँ'
परिक्रमा पथ पर साथ मेरे आठ ग्रह,
है धरती उनमें से एक।
रहते इस पर छह अरब लोग
वासी हैं ये भिन्न-भिन्न देशों के।
महान् सभ्यता वाला इक देश है, उन देशों में—
भारत 2020, मना रहा है उत्सव इस राष्ट्र के उद्‌भव का।
है उसी उत्सव की यह रोशनी जो आ रही हमारे ब्रह्मांड तक
एक देश जहाँ प्रदूषण रहित वातावरण है दूर-दूर तक
नहीं कोई निर्धन, समृद्धि फैली है चारों ओर
शांति-ही-शांति व्याप्त हर ओर
रहने के लिए सबसे खुशहाल है यही ठौर।

□

मेरे आँगन के विशाल वृक्ष

ओ मेरे आँगन के वृक्ष
सभी वृक्षों से महान् हो तुम;
कितनी पीढ़ियों को सींचा है तुमने अपने प्यार से,
रहते हैं अनेक तुम्हारी छत्र-छाया में,
सुनाते क्यों नहीं तुम मुझे अपने जीवन की यह कहानी।

ओ मेरे दोस्त कलाम,
माँ-बाबा के जैसे ही अब,
हो चुका हूँ मैं भी सौ पार,
हर सुबह तुम जाते हो सैर को,
न जाने किस चिंतन में, देखता हूँ,
तुम्हें मैं घूमते, पूनम की रातों को
ऐ दोस्त, मैं जानता हूँ क्या सोचते हो मन में तुम सदैव,
'क्या दे सकता हूँ मैं?'

अप्रैल के महीने में, गहन चिंता में डूबे,
बार-बार देखते हो क्यों तुम मुड़-मुड़ के मुझे।
देखकर झड़ रहे सैंकड़ों-हजारों पत्ते मेरे,
पूछते हो तुम मुझसे ऐ दोस्त!

क्या दुःख है मुझे ?
हो रहा हूँ क्यों पत्र विहीन मैं ?
पत्ते झड़ते हैं, नए पत्तों को जन्म देने के लिए
फूल खिलते हैं, तितलियों-भँवरों को रिझाने के लिए।
ऐ दोस्त कलाम—है नहीं मुझे कोई दुःख,
है यह मेरे जीवन का सुनहरा समय।

कलाम, आओ! आओ अब जरा मेरे साथ
झाँको भीतर, नजदीक से मेरी घनी शाखों पर
शहद से भरा एक बड़ा मधु छत्ता है इसमें
हजारों मधुमक्खियों ने मिलकर बनाया है इसे,
अनथक प्रयासों से इनके हुआ एकत्र मधु इसमें।
दिन-रात करती हजारों मधुमक्खियाँ रखवाली
मीठी-मीठी शहद की बूँदों से भरे इन भारी मधुछत्तों की,
किसके लिए करती हैं इकट्ठा ये मधु और इसकी रखवाली
तुम्हारे लिए, बच्चे-बूढ़े, अमीर-गरीब सबके लिए
हमने तो सीखा है बस देना, केवल देना।

ओ कलाम, देखे आपने ये असंख्य घोंसले,
जो बनाए हैं चिड़ियों ने, बनाए हैं डालों पर मेरी
है बसेरा सैंकड़ों तोतों का ऊँची-ऊँची डालियों पर मेरी।
'तोतों वाला पेड़' ठीक किया नामकरण तुमने मेरा।
'मधु वृक्ष' भी कह सकते हो तुम आजकल
पौत्र तुम्हारा ज़ब-जब करता है मेरी बातें,
सुनकर मैं हँस देता हूँ,

मेरी डालों पर है चिड़ियों का बसेरा,
मैंने सुने हैं इनके गीत और देखा है इनका जन्म, बढ़ना और प्रेम,
उड़ती, चहकती, बाँटती खुशियाँ ये रहती सदा मेरे आस-पास

आजकल—कलाम रोज प्रातः सैर के दौरान,
आते तुम मेरे बहुत पास, देखने मेरा आधार,
फूलों से लदी क्यारियों के संग-संग
बिछी है मखमली घास चारों ओर
जहाँ रहती है इक मोरनी
कोमल सुखद स्पर्श दे सेती अपने अंडों को,
मातृत्व पूर्ण स्नेह देती अपने सातों बच्चों के,
देखा है यह सुंदर दृश्य मैंने घर में आपके,
देखता हूँ बच्चों की रखवाली में रात-दिन
घूमती रहती है वह मेरे इर्द-गिर्द

अब पूछो! पूछो कलाम, क्या है मेरा मिशन,
मेरे जीवन के सौ वर्षों का मिशन
मेरा मिशन, मुझे अपना सर्वस्व देने में आता है मजा
मैं फूल, मधु बाँटता हूँ, सैंकड़ों पक्षियों का आश्रय स्थल हूँ।
मैं देता हूँ, केवल देता हूँ,
बस देता जाता हूँ
तभी तो प्रसन्न और जवाँ रहता हूँ सदा।
(10 जून, 2009 को उत्तरी आयरलैंड की क्वींस यूनीवर्सिटी बेल्फास्ट में एक कवि सम्मेलन में प्रस्तुत)

□□□